ing & Librari

Y bobl, y bus

BARA O BEN DRAW'R BYD
Stori Becws Islyn, Aberdaron

Argraffiad cyntaf: 2017

(h) Gwasg Carreg Gwalch

Rhif rhyngwladol: 978-1-84527-601-0

Mae'r cyhoeddwr yn cydnabod cefnogaeth ariannol
Cyngor Llyfrau Cymru

Diolch i'r cynllunydd Robert David am gael
lluniau o'r gwaith ar godi'r becws newydd

Cynllun clawr: Sion Ilar

Cyhoeddwyd gan Wasg Carreg Gwalch,
12 Iard yr Orsaf, Llanrwst, Conwy, LL26 0EH.
Ffôn: 01492 642031 Ffacs: 01492 641502
e-bost: llyfrau@carreg-gwalch.com
lle ar y we: www.carreg-gwalch.com

Bara
o Ben Draw'r Byd

Stori Becws Islyn, Aberdaron

Geraint a Gillian Jones

"Mae amryw o drigolion Aberdaron
yn bobl fentrus iawn …'

Becws Islyn

Geraint a Gillian – perchnogion y Becws

Cyflwyniad

Pwy fedr anwybyddu arogl torth newydd ei chrasu deudwch? Synnwn i ddim nad oes dŵr yn dod o'ch dannedd chi'r eiliad hon wrth i chi feddwl am frechdan gynnes a'r menyn yn toddi mewn iddi! Ydi, mae'r dorth wedi bod yn rhan o ddeiet dyddiol y mwyafrif ohonom ers cyn cof bellach a does fawr o newid wedi bod yn y dull o'i pharatoi ychwaith.

Nid yn unig rydan ni'n bwyta beth wmbreth o fara ond ydach chi hefyd wedi ystyried cymaint o ddywediadau sydd gennym yn ymwneud â bara? Dyna i chi 'bara caws', er enghraifft, sy'n golygu bywoliaeth rhywun, ac mae'r dywediad 'ennill eu bara' yn golygu union yr un peth. Un arall sy'n cyfeirio at fywoliaeth ydi 'ffon fara.'

Yn y Beibl mae sôn am 'fara angylion' yn Salm 78, adnod 25:

Yr oedd dynion yn bwyta bara angylion, a rhoes iddynt fwyd mewn llawnder.

neu eto yn Salm 105, adnod 40 lle sonnir am 'fara'r nefoedd':

Pan fu iddynt ofyn, anfonodd soflieir iddynt, a digonodd hwy â bara'r nefoedd.

Dywedir weithiau fod rhywun yn 'bwyta bara seguryd' sy'n golygu segura neu wastraffu amser. Glywsoch chi hefyd am 'Rhannu'r dorth yn deg' sef rhannu rhywbeth yn gyfartal? Pwy wedyn sydd heb ymuno i forio canu 'Bread of Heaven' pan mae Cymru'n chwarae rygbi? O oes, mae yna fwy i'r hen dorth nag a feddyliwn, yn sicr i chi.

Hanes y dorth

Gwneid bara ers talwm o flawd haidd bras, blawd ceirch neu flawd rhyg ac o ganlyniad roedd yn dueddol o fod yn galed a thrwchus ac angen tipyn o waith cnoi arno. Nid ymddangosodd bara gwenith hyd ddiwedd y ddeunawfed ganrif wedi i'r uchelwyr ddechrau cael blas arno ac iddo ddod yn fwyd ffasiynol yn eu plith.

Yn Oes yr Haearn, byddai grawn yn cael ei falu â llaw i gynhyrchu blawd garw iawn a'i ffurfio yn rhyw fath o does trwm iawn. Fe'i rhoddid i grasu wedyn ar garreg yr aelwyd. Y Celtiaid, mae'n debyg, fu'n gyfrifol am greu math o boptai clai i bobi eu bara ac roedden nhw hefyd yn defnyddio rhyw ffurf ar furum i wneud i'r dorth godi wrth grasu. Dyma'r math o boptai a ddefnyddid ym mryngaerau'r Oes Haearn ar Garn Fadrun a Thre'r Ceiri.

Yng nghyfnod y Rhufeiniaid ceid bara gwyn a brown gyda'r gwyn ar gyfer y bobl fawr yn unig oherwydd fod angen malu'r blawd yn fanach o lawer. Roedd bara haidd yn boblogaidd yn yr Oesoedd Canol. Nid oedd llawer yn defnyddio rhyg i wneud bara oherwydd byddai'r dorth yn ddu o ran lliw ac yn cael ei hystyried gan y mwyafrif o bobl fel bara meddyginiaethol. Ewch i wledydd fel yr Almaen wedyn ac fe welwch fod bara rhyg yn parhau i fod yn beth cyffredin iawn yno hyd heddiw.

Ymhen amser datblygwyd poptai ym muriau tai neu mewn adeilad allanol. Gwelir olion poptai mewn ambell dŷ hynafol heddiw lle mae'r simdde fawr wedi ei hadfer i'w gogoniant gwreiddiol. Lleolid y popty yn ymyl y simdde fel y câi ddigonedd o wres o'r tân. Mae tâp o sgwrs hefo Lewis Jones o'r Rhiw yn Archifdy Caernarfon lle mae'n cofio gweld gwraig o bentref y Rhiw, Mrs Jones, Tŷ Mawr, tua dechrau'r ganrif ddiwethaf, yn pobi bara ar radell neu badell bwrpasol uwchben trybedd. Doedd dim popty pwrpasol yma mae'n debyg. Cofia Lewis Jones hefyd am fath o farlys yn cael ei rostio drwy ei roi mewn math o lestr hefo tyllau ynddo ar ben tân agored.

Yn y llyfr bach diddorol *Tomos o Enlli* gan Jennie Jones a gyhoeddwyd yn 1964 adroddir hanes Tomos ei hun, a aned ar Enlli yn niwedd y bedwaredd ganrif ar bymtheg. Nodir yn y llyfr fel y byddai mam Tomos yn pobi ei bara ei hun gan ddefnyddio burum cartref. I wneud y burum roedd angen haidd, ceirch, hops a phys llwydion. Dim ond ar Enlli roedd y pys llwydion hyn yn tyfu a byddai trigolion Enlli'n cael chwe phunt yr hobed, sef mesur arbennig o bwysau sych, amdanynt yn Aberdaron a'r pentrefi cyfagos ar y tir mawr. Arian mawr y pryd hynny. Eglura Tomos wedyn fel y byddid yn gwneud y burum:

> 'Roedd yn rhaid glanhau'r haidd yn lân oddi wrth y col, a'r ffordd y byddem yn gwneud hynny oedd tywallt yr haidd ar lawr glân a thynnu ein clocsiau rhag inni ei faeddu. Yna cymryd erfyn, ei enw oedd gluddwr, haearn sgwâr â dannedd ynddo, wedi ei osod ar goes bren hir fel coes brws. Yna colbio a cholbio nes byddai'r col i gyd wedi dod i ffwrdd oddi wrth yr haidd.
>
> Wedi cael y col i ffwrdd roedd rhaid gogrwn yr haidd dair gwaith drwy ogor.
>
> Berwi llond powlan o haidd, ceirch a'r pys, a llond dwrn o hops mewn crochan gyda dŵr. Wedi iddo ferwi digon, ei roi drwy hidlan a'i dywallt i biser. Yna rhoi'r piser ar aelwyd gynnes ar ôl rhoi dyrnaid o siwgwr a pheilliad ynddo. Ei adael wedyn am ddiwrnod neu ddau iddo ffyrmentu – a byddai yn barod i'w botelu. Roedd mor gryf nes dryllio'r poteli weithiau.'

Na, doedd pobi bara eich hun ers talwm ddim yn waith hawdd yn nac oedd. Ychwanega Tomos ddisgrifiad o'r dorth yn cael ei chrasu wedyn ac mae'n hynod o debyg i ddisgrifiad Lewis Jones, Rhiw fel y gwelwch:

'Diwrnod prysur fyddai diwrnod pobi i Mam. Byddai ganddi ddau gelwrn pren mawr wedi eu sgwrio'n lân. Blawd peilliad yn un, a blawd haidd yn llall. Yn y gegin allan, ychydig o ffordd o'r tŷ, y byddai yn crasu'r bara. Simdde fawr oedd yno, a dim pobty.

Ar radell haearn fawr gron, wedi ei gosod ar drybedd drithroed y byddai yn crasu'r bara. Rhwbiai'r radell yn gyntaf â chig moch yna rhôi glapyn o'r toes ar ei chanol, a rhoi padell fawr haearn drosto. Byddai'n lapio tywyrch o amgylch y badell, yna'n llosgi rhedyn odani nes y byddai'n boeth.

Byddai'n gwneud y dorth olaf bob amser mewn dau liw – clapyn o does gwyn a chlapyn o does haidd.'

Oedd, roedd angen tipyn o waith i grasu bara yn yr hen oes a chysidro ei fod yn rhan o ddeiet dyddiol.

Heddiw mae bara'n cael ei gynhyrchu mewn ffatrïoedd mawrion a'i sleisio'n barod a'i roi mewn cwdyn plastig cyn ei werthu'n weddol rhad yn y siopau. Ond di-flas iawn ydi o i ddweud y gwir o gymharu â bara gewch chi o boptai bychan traddodiadol sydd i'w gweld hwnt ac yma megis Becws Islyn, Aberdaron, becws sy'n mynd o nerth i nerth dan ofal gŵr a gwraig ifanc o Lŷn. Dyma ddau sydd wedi penderfynu rhoi'r gorau i'w swyddi diogel a bwrw iddi gyda'u holl egni a'u brwdfrydedd a mynd ati i gynnal hen fecws y pentref.

Mae'r busnes yn parhau i gynyddu a datblygu ac mae Geraint a Gillian wedi sicrhau swyddi mewn ardal wledig ac atyniad i dwristiaid.

Busnesau yn Aberdaron

I ddweud y gwir mae amryw o drigolion Aberdaron yn bobl fentrus iawn ym myd busnes, sy'n beth iach iawn yng nghefn gwlad Cymru gan ei fod yn cadw arian yn gylchredol yn yr ardal a chadw'r economi leol yn gryf ac iach er lles holl drigolion y gymuned. Yn ogystal, maen nhw'n fodd i gyflogi pobl leol. Yn wir, yn ystod tymor yr haf, cyflogir hyd at gant o bobl leol.

Mewn pentref cymharol fychan mae digonedd o leoedd aros yn cynnwys dau westy – Tŷ Newydd a'r Ship; o leiaf ddeg o feysydd carafanau fel Dwyros, Caerau, Morfa Mawr, Gwythrian i enwi ond ychydig, heb sôn am ddeugain a mwy o dai hunan-ddarpar a chartrefi'n cynnig gwely a brecwast. Dyna chi'r dewis o gaffis wedyn fel Y Gegin Fawr, Sblash, Hen Blas a Chaffi Tŷ Newydd Uwchymynydd. Ymysg y siopau mae siopau groser Spar ac Eleri Stores a Siop Wendon ar lan y môr. O fewn canolfan newydd Porth y Swnt mae siop Sisial lle medrwch chi brynu anrhegion a dillad. Wrth reswm mae pysgota yn holl bwysig mewn pentref sydd ar lan y môr a phery pysgotwyr y pentref i ennill bywoliaeth o'r môr megis Steven Harrison (fo a'i wraig Natalie ydi perchnogion siop sglodion Sblash yn ogystal), Siôn Williams, Ernest a'i fab Colin Evans a Huw Erith. Mae Colin yn ogystal wedi mynd ati i adeiladu cwch arbennig er mwyn nôl a danfon teithwyr o'r tir mawr i Ynys Enlli. Tipyn o gamp. Diwydiant arall yma hefyd yw amaeth ac mae sawl teulu'n ennill bywoliaeth o'r tir yn ogystal. Mewn ardal wasgaredig fel Llŷn, mae pentref Aberdaron yn sicr yn ymdrechu i wasanaethu'r gymuned ac ymwelwyr fel ei gilydd.

Nid peth rhyfedd felly fod Geraint a Gillian a menter Becws Islyn yn cael cystal hwyl arni mewn pentref bach mor brysur a phoblogaidd. Ia, Becws Islyn bellach yw bara beunyddiol y gŵr a'r wraig brysur yma ac yn sicr i chi dydyn nhw ddim yn bwyta bara seguryd fel y gwelwch!

Rhian Jones

9

Geraint Jones

Cystadleuaeth y Babi Delaf yn Llanbedrog a Geraint yn fuddugol – 1967

Yr hanes cynnar

Dros hanner can mlynedd yn ôl bellach y gwelais i olau dydd am y tro cyntaf yn fab i Peter Henry a Beryl Jones. Mae gen i ddau frawd sy'n hŷn na fi hefyd sef Bryn a Glyn. Ia cofiwch, falla 'mod i'n llabwst mawr, ond y fi ydi bach y nyth yn ein teulu ni. Ond er mai fi ydi'r fenga a bod tueddiad yn ôl y sôn i'r cyw melyn ola' gael ei ddifetha gan weddill y teulu, peidiwch â meddwl fod hynny'n wir yn fy achos i. O na – dw i wedi gorfod sefyll ar fy nhraed fy hun yn gynnar iawn yn fy mywyd hefo dau frawd mawr yn sgyrnygu arna i ar brydiau. Wedi cyfnod yn byw yn Glanrafon Bach fe symudon ni i Maen Hir ac fel sy'n digwydd yma yn Llŷn, Geraint Maen Hir oeddwn i fy nghydnabod a dyna pwy ydw i gan sawl un o hyd.

Bryn, Glyn, Geraint a'u rhieni Beryl a Peter Jones, 2009

Cyfnod Ysgol

Does gen i fawr o gof o ddyddiau cynnar fy mhlentyndod – beryg mai rhy brysur yn gwneud drygau oeddwn i a 'mod i wedi dewis anghofio amdanyn nhw. Rhyw niwlog ydi fy nghyfnod yn yr ysgol gynradd yn ogystal sef Ysgol Pont y Gof, Botwnnog. Rydw i'n siŵr fod y prifathro ar y pryd sef Ieuan Ellis, Y Graig, Botwnnog wedi dweud y drefn sawl gwaith wrtha i. Mrs Kelliher oedd yn fy nysgu fwyaf ym Mhont y Gof a doeddwn i ddim yn drwg hoffi bod yn y dosbarth hefo hi. Pan ddaeth cyfnod yr ysgol gynradd i ben, dyma ei throi hi am hen ysgol hogia' Llŷn, sef Ysgol Uwchradd Botwnnog oedd dan brifathrawiaeth Arwel Jones ar y pryd. Dw i ddim yn amau fod y rhan fwyaf o'r athrawon yno yn fy nghofio am y rhesymau anghywir a na, dydw i ddim yn mynd i ymhelaethu.

Bryn, Glyn, Geraint a Rhian hefo mwnci bach

I arbed rhywfaint ar fy hunan-barch, fodd bynnag, roeddwn i'n ddisgybl da iawn am y tair blynedd cyntaf ac yn derbyn canlyniadau digon ffafriol yn yr arholiadau mewnol a phrofion ac yn y blaen – siŵr fod y teulu yn falch iawn ohona i ar y pryd ac yn gweld dyfodol llewyrchus o fy mlaen! Ond wn i ddim yn iawn beth ddigwyddodd wedyn. Rydw i'n siŵr fod Dad a Mam yn gwybod erbyn hyn, ond wyddoch chi na fues i yn yr ysgol o gwbwl drwy'r rhan fwyaf o Form 4 neu Blwyddyn 10 fel y gelwir hi heddiw! Awn yn dalog i ddal y bỳs ym Mhengroeslon yn fy nillad ysgol, ond doeddwn i ddim ar fwriad i fynd am Fotwnnog. Yn hytrach awn o Bengroeslon yng nghwmni y diweddar Guto Roberts neu Guto Tir Topyn, i weithio ar ei ffarm! Dychwelwn i Bengroeslon wedyn fel byddai'r bỳs ysgol yn cyrraedd ar ddiwedd y pnawn ac yn ôl am adra gan raffu celwydda am fy natblygiad addysgol. Sut na chysylltodd yr ysgol ag adra wn i ddim oni bai fod well gan yr athrawon 'mod i'n cadw draw!

O edrych yn ôl, roeddwn yn dipyn o lond llaw i'r athrawon amyneddgar. Cofiaf wneud twrw mwnci yng nghefn dosbarth Gwyddoniaeth y diweddar Trefor Owen ac Arwel Cefn Du, Garn Fadrun, druan yn cael y bai a chael blas cledr llaw yr athro ar ei foch! Digon dweud nad oedd Arwel yn hapus iawn hefo fi. Dro arall cefais fy nal yn smocio gan Derek Morris, neu Moi Hort fel yr adnabyddid o gan y plant. Dyma fi'n dal fy ngwynt a mwg lond fy ngheg.

'Wyt ti'n smocio Geraint Jones?' gofynnodd Mr Morris a finnau'n ysgwyd fy mhen i ddweud 'Na.'

'Wyt ti'n siŵr?' gofynnodd wedyn a finnau'n dal i ysgwyd fy mhen o ochr i ochr. Dyma fo'n rhoi dwrn sydyn yn fy stumog nes i'r mwg saethu allan o fy ngheg hefo'r pwl mwyaf ofnadwy o dagu a'r dagrau'n powlio lawr fy mochau. Ar ben hynny, dyma fo'n fy anfon at y prifathro a chefais goblyn o bryd o dafod wedyn a gorfod sgwennu llwyth o linellau'n gosb am y drosedd. Fuodd o ddim yn ddigon i fy rhwystro rhag smocio eto ychwaith ond roeddwn yn fwy gofalus lle'r oeddwn yn mynd am smôc amser chwarae o hynny mlaen.

Byd Gwaith

Fedra' i ddim dweud i mi elwa dim o gyngor gyrfaol pan oeddwn yn yr ysgol. Os nad es i am yr ysgol yn rheolaidd iawn, wel, doedd gen i ddim awydd mynychu yr un coleg yn siŵr i chi. Doedd gen i ddim syniad beth oeddwn eisiau ei wneud heblaw gwneud pres! Dydi pawb ddim yn troi allan i fod yn academyddion, a pherson eisiau ymdrin â byd masnach ydw i erbyn gweld. I fod yn hollol onest hefo chi, dydw i ddim yn meddwl y byddai neb wedi fy nysgu i'n well na'r hyn wnaeth yr hen Guto druan. Cymeriad a hanner oedd o. Roedd o'n berson caled iawn ond mi ddysgodd fi sut i fod yn berson cryf a phenderfynol ac i fynd amdani bob tro a pheidio bod ofn mentro. Ydi, mae 'nyled i'n fawr iddo.

Yn fy arddegau, cyn dyddiau Tir Topyn byddwn yn mynd i odro i Tocia, Pengroeslon ar ôl dod adref o'r ysgol. Roeddwn yn mwynhau fy hun yn iawn yn gwneud hynny ac yn cael ryw chydig o bres poced. Bûm am dymor haf wedyn yn gweithio ym maes parcio traeth Porthor yn casglu pres parcio oddi ar y Saeson ddeuai yno i dreulio diwrnod ar lan y môr. Cawn bres da a theimlwn yn gyfoethog iawn.

Dyddiau Tir Topyn

Am Tir Topyn yr es i wedyn a bûm yno am gyfnod o wyth mlynedd i gyd. Yn sicr fe ges i addysg drylwyr ym myd amaeth ynghyd â môr o hwyl. Doedd y gwaith ar y fferm ddim yn fêl i gyd chwaith, cofiwch, a sawl tro fe ges i'r awydd i wthio piball Guto i ben draw ei gorn gwddw! Ar yr adeg hynny, byddai ei fab Dafydd yn camu i'r adwy ac yn llwyddo i dawelu'r dyfroedd rhyngom ein dau cyn i bethau fynd yn rhy benboeth. Mae Dafydd, i ddeud y gwir, yn debyg iawn i'w dad mewn sawl ffordd ac yn meddu ar yr un anian a hiwmor.

Rydw i'n cofio un digwyddiad yng nghwmni Guto sy'n adlewyrchu ei gymeriad i'r dim. Cyfnod y marchnadoedd Dolig oedd hi ac roeddem wedi bod yn sêl Sarn. Guto oedd tu ôl i lyw yr hen fan a dyna lle'r oedd o'n dreifio yn arafach na phwyllog am adref a hynny yng nghanol y lôn. Wel, dyma blismon yn ymddangos y tu ôl i ni yn ei gar â'r golau glas yn fflachio. Chynhyrfodd Guto ddim modfedd a doedd o ddim ar fwriad i stopio. Yn y man, llwyddodd y car plismon i fynd heibio a dyma fo'n aros ac allan o'i gar ac am y fan yn dalog a thalsyth. Agorodd Guto'r ffenast gan chwythu cwmwl o fwg ei biball i wyneb y plismon.

'Be sy?' gofynnodd yn bwyllog.

'Gweld bo chi'n mynd yn ara' deg iawn ac yng nghanol y lôn,' meddai'r plismon.

'Wel taswn i'n gyrru mi fasa gen ti le i gwyno,' atebodd Guto ac ymlaen â ni gan adael y plismon bach yn gegrwth! Wel, sôn am chwerthin yr holl ffordd adra. Ia, cymeriad ar y naw oedd Guto Tir Topyn.

Symud porfa

Wedi aeddfedu tipyn a rhyw ddechrau callio, dyma fi'n dechrau cysidro fod mwy i fywyd na llafurio fel gwas fferm. Gadewais Tir Topyn un bore heb waith arall i fynd iddo ond wir erbyn amser te, roeddwn wedi sicrhau gwaith eto ar fferm Tŷ Mawr, Bryncroes. Ia, dw i'n gwbod, gwas eto, ond doeddwn i ddim ar fwriad treulio cyfnod hir yno. Fferm yn cadw moch oedd Tŷ Mawr ac er 'mod i'n ogleuo'n hyfryd iawn ar ddiwedd y dydd, roeddwn i'n cael dwywaith, os nad mwy, o gyflog. Wedi rhyw chwe mis yno, dechreuais weithio yma ac acw ar wahanol ffermydd ym Mhen Llŷn ond roeddwn i'n dechrau anesmwytho braidd ac yn dyheu, mae'n debyg, am rywbeth mwy sefydlog oedd yn cynnig sialens wahanol.

Eifionydd Farmers

Do, fe ddaeth tro ar fyd, a bûm yn ddigon ffodus i gael fy nghyflogi yn warws Amaethwyr Eifionydd, Pengroeslon, neu Wynnstay fel yr adnabyddir y cwmni erbyn heddiw. Paentio landeri a thacluso'r oeddwn i ar y dechrau ac yna edrych ar ôl yr iard wedyn yn ei chadw'n daclus a sicrhau fod trefn ar y nwyddau yno. Ymhen amser cefais fy nyrchafu'n rheolwr y warws a theimlwn o'r diwedd 'mod i'n mynd i rywle! Un prynhawn cefais alwad gan Alun Williams o'r

Ffôr, sef Rheolwr Amaethwyr Eifionydd yr adeg honno, yn gofyn i mi newid llorpiau fel 'tae, a nôl car Huw Emyr Davies i fynd allan i werthu nwyddau fel trafeiliwr neu gynrychiolydd y cwmni. Roedd Huw Emyr yn byw yn Lôn Fudr, Dinas ac yn drafaeliwr i Amaethwyr Eifionydd Cyf. cyn iddo gael ei daro'n wael.

Wel, sôn am dro ar fyd. Roeddwn wedi dychryn am fy mywyd yn cael cynnig y swydd ond dyma fachu ar y cyfle a rhoi fy holl egni i'r dyletswyddau newydd ddaeth i'm rhan. Ehangwyd fy ardal gwerthu o Lŷn yn unig, i gynnwys ffermydd yn Eifionydd ac yna Meirionnydd. Roedd hyn cyn dyddiau 'sat nav' a wir i chi, bûm ar goll lawer tro ond yn y diwedd, dod yn gyfarwydd iawn â ffermydd anghysbell ym mhellafoedd Cwmtirmynach, Cwm Prysor, Dyffryn Ardudwy ac yn y blaen.

Tra oeddwn yn y swydd hon, bûm yn ddigon ffodus i gael taith ar awyren Concorde i Ffrainc ar drip wedi ei drefnu gan MSD, sef cwmni cynhyrchu dôs i ddefaid a gwartheg. Trip i ddiolch i'w gweithwyr am werthiant eu cynnyrch oedd hwn a dim ond y rhai oedd wedi gwerthu fwyaf oedd wedi cael y gwahoddiad. Roeddwn i wedi bod yn lwcus iawn felly ac yn sicr i chi fuaswn i ddim wedi gallu fforddio talu am daith ar Concorde o fy waled fy hun.

Aeth cychwyn y daith braidd yn chwithig i mi oherwydd wedi dal y trên o Fangor i Lundain, dyma sylweddoli 'mod i wedi gadael fy mhasbort adra! Wedi cyrraedd Llundain bûm yn pendroni beth i'w wneud nesa. Rydw i'n cyfaddef 'mod i'n dipyn o giamstar ar ddringo allan o dwll – dylanwad Guto Tir Topyn beryg – a chefais afael ar blismon a dweud fod rhywun wedi dwyn fy mhasbort. Euthum hefo fo i swyddfa bost gyfagos a chefais basbort dros dro yn para am dri diwrnod. Roedd hyn dros bum mlynedd ar hugain yn ôl. Go brin y byddai gobaith cael pasbort arall mor rhwydd heddiw yn yr oes hurt yma rydan ni'n byw ynddi!

*Lluniau amrywiol o'r criw yr aeth Geraint hefo nhw
ar ymweliad â Ffrainc ar Concorde yn 1981*

Roedd y daith ei hun yn wych. Profiad bythgofiadwy oedd hedfan yn Concorde a fedrwn i yn fy myw ddirnad ein bod yn gwibio drwy'r awyr ar gyflymder oedd ddwywaith cyflymder sŵn, sef 1354 milltir yr awr. Rydw i mor falch 'mod i wedi cael hedfan yn yr awyren eiconig hon cyn i'w gwasanaeth ddod i ben yn 2003 wedi dros bum mlynedd ar hugain o hedfan.

Yn Ffrainc y cyflwynwyd fi i siampên am y tro cyntaf ac roeddwn i wir yn meddwl 'mod i wedi cyrraedd yr uchelfannau yn codi 'mys bach hefo'r diod pefriog drudfawr! Cawsom flasu'r siampên a gwinoedd eraill ar ymweliad ag un o'r ogofau anferth lle maen nhw'n cadw gwinoedd ar dymheredd arbennig. Tipyn o agoriad llygaid hefyd oedd mynd i weld sioe cabarét yn y Moulin Rouge enwog. Adeilad wedi ei leoli yn Montmartre ydi o yn ardal golau coch drwg-enw y Pigalle ac mae melin wynt goch ar ben y to. Yn y clwb hwn y datblygwyd dawns y 'can-can'. Yn siŵr i chi, dydw i ddim yn mynd i ymhelaethu mwy ar ein ymweliad â'r clwb enwog hwn!

Clust i wrando

Gwaith difyr iawn oedd gwaith trafeiliwr ond ar adegau hefyd teimlwn fel rhyw 'agony aunt' pan fyddai ffermwr yn bwrw ei fol go iawn. Byddai ambell un yn cael trafferth cael dau ben llinyn ynghyd neu'n wynebu colled ariannol am ei fod wedi colli bustach er enghraifft a byddwn yn trio siarad yn bositif hefo nhw. Dydi amaethyddiaeth ddim yn fusnes rhwydd o gwbl rhwng anwadalwch y tywydd, prisiau'r farchnad yn gallu bod yn hynod ansefydlog ac yn y blaen. Yn aml iawn, byddai cael sgwrs yn ddigon i wneud iddyn nhw wenu pan fyddwn yn gadael eu ffarm.

Byddwn yn dod ar draws cymeriadau a hanner ar fy nhrafals hwnt ac yma hefyd. Cofiaf am un hen lanc yn cynnig cranc i mi i ginio. Wel, sôn am siom ges i pan gyrhaeddodd y cranc y bwrdd achos roedd o wedi llwydo i gyd! Bu raid meddwl yn go sydyn am ryw esgus a dyma fi'n dweud 'mod i wedi anghofio galw yn rhywle cyn cinio ac y dylwn fynd yno ar unwaith.

Rydw i'n cofio mynd i fferm arall hefyd lle nad oedd fawr o drefn ar y gegin, heb ymhelaethu gormod! Pan oeddwn yn y gegin, sylwais ar robin goch yn hedfan o amgylch y lle. Roedd o'n ymwelydd cyson pan dynnais i sylw ato. Beth bynnag dyma gael cynnig paned a finnau'n derbyn. Pan ddaeth y te, beth oedd ar y gwpan ond baw deryn! Fedrwn i'n sicir ddim yfed o honno a beth wnes i oedd cyfnewid dwy gwpan pan drodd y ffermwr ei gefn. Digon dweud na chymerais baned yno byth wedyn.

Wedi cyfnod o chwe mlynedd ar hugain gyda chwmni Wynnstay, dyma benderfynu mynd amdani go iawn pan aeth Becws Islyn yn Aberdaron ar werth. Prynodd Gillian a fi y becws ym mis Tachwedd 2012 ond daliais ati i weithio gyda Wynnstay cyn ffarwelio â chyd-weithwyr hwyliog a chwsmeriaid da ym mis Mai, 2015.

Yr hen Fecws

Yr Entrepreneur Ifanc

Does gen i ddim math o gefndir busnes ffurfiol – yr ysgol orau ydi ysgol profiad meddan nhw, a dyna sut mae hi wedi bod yn f'achos i. Y peth cyntaf wnes i ei werthu erioed oedd cath fach i Wil Tŷ Engan pan oeddwn yn un ar ddeg oed! Mae 'na ddywediad mai rhoi cath ddylech chi wneud a phrynu ci, ond beth bynnag, cael pres am gath wnes i. Awn hefo Wil Pys wedyn at Bont Tre Felin am smôc ddirgel a dyfalu sut y caem bres i brynu baco. Dyma ni'n gweld madarch yn y cae un diwrnod a mynd ati i'w hel a'u gwerthu wedyn ar y groesffordd ym Mhengroeslon. Dydw i ddim yn meddwl i ni wneud ein ffortiwn ond wrth edrych yn ôl, buom yn andros o lwcus. Pam? Wel, doedden ni ddim yn rhy sicr os oedd y madarch i gyd yn fwytadwy, ond chlywson ni ddim sôn fod neb wedi bod yn wael ddifrifol ar ôl eu bwyta.

Ymhen tipyn, fe es ati i dyfu tatws a moron hefo Gruffydd John Thomas, Tŷ Mawr Capel, Sarn. Roeddem wedi plannu'r tatws ar dir Tŷ Mawr Capel. Wrth gwrs, chawson ni ddim pres yn syth, ond yn raddol fe ddaeth rhywfaint i'n pocedi. Dydi tyfu tatws a moron ddim yn fêl i gyd chwaith rhwng y pry' moron goblyn a'r 'blight' wedyn yn gallu taro'r tatws. Ar ben hynny, mae codi tatws yn gallu bod yn dreth ar y cefn a pharodd y busnes hwn ddim yn hir o ganlyniad.

Y Tirfeddiannwr

Fel mab fferm, roedd yr ysfa ynof innau hefyd a phan oeddwn yn ugain oed, dyma Bryn fy mrawd a minnau'n mynd ati i rentu tair acer o dir ar fferm Bryn Ffynnon, Bryncroes a phrynu a magu dau lo. Cawsom hwyl reit dda ar fagu'r lloeau ac hefo'r arian gawson ni amdanynt dyma brynu ychydig o ddefaid. Dyma gymryd gambl wedyn a rhentu pymtheng acer o dir gan Trefor Jones, Ty'n Lôn, Rhoshirwaun.

Canlyn, priodi a chodi cartref

Dydw i ddim am ymhelaethu ar y busnes canlyn a phriodi 'ma, dim ond dweud i Gill a fi ddod yn ŵr a gwraig ym mis Gorffennaf 1992. Penderfynodd y ddau ohonom y byddwn i'n gwerthu fy stoc i gyd ac yn mynd ati i ddefnyddio'r arian i adeiladu ein cartref. Os oedd rhywbeth yn codi ofn ar Gill a fi, wel, benthyca arian oedd hwnnw. Weithiau byddem bron wedi gwario hyd y geiniog olaf gan fod y ddau ohonom yn casáu'r syniad fod arnom bres i neb. Diolch i'r drefn, daethom drosti ac fe gymerodd hi bum mlynedd i ni

adeiladu Bryn Gwynt, lle'r ydym
yn cartrefu o hyd. O edrych yn ôl,
fe weithiodd y ddau ohonom yn
galed iawn a hynny am oriau
meithion bob diwrnod. Roedd
Gill wrth ei gwaith swyddogol yn
Amaethwyr Eifionydd yn
ddyddiol ac ym mwyty Pretoria
yn mhentref Aberdaron ar y
penwythnosau ac ambell gyda'r
nos. Roeddwn innau hefyd yn
Amaethwyr Eifionydd yn ystod y
dydd ac wedyn yn mynd am fferm
Trefgraig dros nos pan ddeuai
adeg wyna.

Rydw i'n sicr erbyn hyn fod y
gwaith caled oedd yn ein wynebu
pan briodon ni wedi bod o fantais

*Diwrnod priodas Geraint a Gillian,
18 Gorffennaf 1992*

fawr i ni ac wedi ein paratoi ar gyfer cymryd y cyfrifoldeb o
redeg y becws. Os oeddwn i'n llarbad diog yn yr ysgol, rydw
i wedi hen roi hynny tu cefn i mi erbyn hyn. Wrth gwrs,
mae'n rhaid i ni ysgwyddo cyfrifoldeb wedi callio ac
aeddfedu ond mae'n rhaid dyfalbarhau yn ogystal os am
wneud llwyddiant ohoni.

Y Ffermwr

Wedi i bethau ddod i drefn yn weddol gyda Bryn Gwynt,
penderfynais roi ail gynnig ar y ffermio. Prynodd Gill a
finnau ein dwy fuwch fagu gyntaf gan Robert, Llanllawen
Fawr, Aberdaron. Ew, un caled i drio taro bargen hefo fo ydi
Robert, ond mi gawson ni wartheg graenus iawn ganddo
chwarae teg!

Gwion yn bwrw golwg ar ei wartheg cyntaf, Medi 1999

Euthum ati ymhen sbel i chwilio am fwy o dir ac roedd yr ateb o dan fy nhrwyn os nad fy nhraed! Prynais dir fferm Bryn Mawr oddi ar fy nhad-yng-nghyfraith a mynd ati i gynyddu'r stoc fel roedd yr arian yn caniatáu. Deuai'r stoc ag incwm ychwanegol inni ar gyfnod digon anodd yn ariannol.

Gwion yn dysgu Fflur i gyfri'r moch bach! 2005

Rydan ni bellach fel teulu wedi bod yn ffermio Bryn Gwynt ers dros bymtheng mlynedd a bu rhieni Gillian a'i thaid a'i nain yma cyn hynny. Bellach mae Gwion y mab yn ysgwyddo tipyn o'r cyfrifoldeb o redeg y fferm. Fferm bîff a defaid ydi hi a dim ond yn gymharol ddiweddar yr ydym wedi cymryd cam ychwanegol ac arallgyfeirio i fyd twristiaeth. Os oes rhywbeth yn mynd i dalu'r ffordd yma yn holl ogoniant a harddwch Pen Llŷn, wel, twristiaeth ydi hwnnw.

Yr Adeiladwr

Rhywbeth sy'n rhoi pleser mawr i mi ydi mynd ati i wneud tipyn o adeiladu. Rwyf wrth fy modd yn gweld adeilad yn magu siâp ac yn fwy na hynny, yn gwybod 'mod i wedi gadael ôl fy llaw ar yr hen ddaear yma. Aeth Gill a fi ati i brynu tŷ fferm Bryn Mawr a'r adeiladau a'u haddasu ar gyfer twristiaid fel mae Gill yn sôn yn nes ymlaen. Dydw i ddim yn deall llawer am waith adeiladu cofiwch, rhag i chi gael camargraff a meddwl 'mod i'n giamstar arni. Na, yr hyn sy'n rhoi pleser i mi o'i wneud ydi'r gwaith malu a llafurio yn barod ar gyfer adeiladwyr profiadol. Mantais hyn ydi cadw'r costau'n is ac mae'r adeiladwyr yn gallu dod draw a bwrw iddi i ailadeiladu'n syth wedyn.

Y Weldiwr

Rydw i'n cael dipyn o bleser yn weldio ar adegau er nad oes cymaint o amser gen i i wneud hynny rŵan. Rydw i wedi bod yn weldio giatiau fferm a chafnau defaid i gerdded drwyddynt a hynny ar gyfer defnydd personol ac i'w gwerthu.

Gillian Jones

Ceinwen a Gillian, 1973

Er mai Gillian Parry Jones ydi fy enw'n llawn, fel Gill mae teulu a chydnabod yn fy nghyfarch. Cefais fy ngeni ar 25 Ebrill, 1969 ac er fod Dafydd Iwan wedi cyfansoddi cân dan y teitl 'Croeso chwe deg nain', nid i fi mae honno ond i groniclo hanes y digwyddiad tywysogaidd yng Nghastell Caernarfon ddigwyddodd yn ddiweddarach yn y mis Gorffennaf canlynol. Ond dw i'n medru dweud i mi gael fy ngeni ar yr union ddiwrnod â'r actores Renee Zellweger sy'n adnabyddus am bortreadu cymeriad Bridget Jones a'i dyddiaduron anfarwol. Da de, er cofiwch, dydw i ddim byd tebyg iddi hi o ran cymeriad!

Ar fferm Bryn Mawr, Anelog y magwyd fi a fy chwaer hŷn, Ceinwen, yn ddwy ferch i Robert Jones Parry a Gwyneth Williams, fel yr oedd hi cyn priodi. Er i Dad a Mam wahanu pan oedden ni'n fychan, wnaeth o ddim effeithio ar y ddwy ohonom ni achos roedd Dad yn dal i fyw drws nesaf i ni.

Atgofion Plentyndod

Yn blentyn, roeddwn i wrth fy modd allan yn yr awyr agored yn helpu Dad i odro a Nan Nan yn golchi'r bwcedi tra oedd

24

Ceinwen yn tueddu i aros yn y tŷ hefo Mam yn gwneud rhyw fanion bethau. Roedd y ddwy ohonom yn y cyfnod wedi gwirioni hefo'r grŵp Albanaidd 'Bay City Rollers' a dyna lle bydden ni wedi'n gwisgo yn y trowsusau a'r sanau tartan nodweddiadol. Roedd Jimmy Osmond yn eilun mawr yn ogystal.

Ceinwen, Gillian a Tricsi y ci

Bob haf fodd bynnag byddai hyd yn oed Ceinwen yn mentro allan i'r awyr iach pan ddeuai hi'n amser cario gwair a chael eistedd ar ben y llwyth i ddod i fyny o'r cae. Byddwn wrth fy modd yng nghanol y gwair euraidd a'r arogl melys yn llenwi fy ffroenau. Yn wir, pan glywaf yr oglau hyd yn oed heddiw, mae'n mynd â fi'n ôl yn syth i'r dyddiau hirfelyn tesog rheini. Rydw i'n sicr ein bod yn cael hafau tipyn brafiach yr adeg honno na'r hyn gawn ni heddiw. Treuliem ein hamser ar draeth Porthor neu Borth Simdde a byddai Anti Mem, Delfryn, Aberdaron oedd yn cael ei hadnabod fel Anti Mem gan bawb, yn ein dysgu i nofio ar ôl bod yn yr Ysgol Sul.

Ar ddydd Sadwrn, byddai Ceinwen a minnau'n cael mynd i Bodermyd Isaf at Nan Nan a Taid, rhieni fy mam. Doedden ni ddim yn cael galw Taid yn 'Daid' ond yn hytrach cyfeirio ato gerfydd ei enw cyntaf sef Elwyn. Roedd ei alw'n Taid yn gwneud iddo deimlo'n hen, meddai fo. Byddem wrth ein boddau'n chwarae yn y nant neu yn y pwll yn Bodermyd a byddai cystadleuaeth rhyngom a phlant y pentref i weld pwy fyddai'r cyntaf i fynd â phenabyliaid neu gynffonau ŵyn bach i'r ysgol.

Un peth fyddai'n rhoi pleser mawr i mi oedd cael mynd

Ceinwen a Gillian, Chwefror 1974

i eistedd ar wely Iola Bodermyd, sef chwaer Mam, a'i gwylio yn gwneud ei hun yn barod i fynd allan gyda'r nos ac yn rhoi lliw glas ar ei haeliau a gwrando ar ganeuon ELO. Byddem yn gorffen y diwrnod drwy alw yn Bryn Poeth, Uwchmynydd i chwarae gêm 'Battleship' hefo Dewi, a gwylio'r rhaglen Americanaidd boblogaidd honno – 'Dallas', a gwledda ar gacennau bach Meira, sef mam Dewi a chyfnither i fy mam i.

Byddai cyfle am wyliau yn weddol aml hefyd. Roedd Jane, chwaer Dad yn briod â meddyg ac fe fydden nhw'n symud i wahanol ardaloedd o Gymru a Lloegr yn weddol reolaidd yn rhinwedd ei swydd. Bob tro bydden nhw'n symud, fe fyddai Mam, Ceinwen, Nan Nan a minnau'n mynd i'w gweld. Byddai hen edrych ymlaen at y gwyliau hyn.

Mynychu ysgol

Yn hen Ysgol Deunant y cychwynnais ar fy ngyrfa addysgol, a'r prifathro, wrth gwrs, oedd y diweddar John Morris. Colled fawr i'r ardal ac i Gymru gyfan i ddweud y gwir oedd ei farwolaeth drychinebus yn 1977, a chafodd o ddim byw i ddod hefo ni wedyn yn brifathro ar ysgol gynradd newydd Aberdaron, Ysgol Crud y Werin. Un cof byw iawn sydd gen i o Ysgol Deunant ydi fod pawb ohonom yn gorfod adrodd ein tablau bob bore fel poli parots. Roedd o'n arferiad da a dw i'n gallu adrodd fy nhablau cystal â neb heddiw, sy'n ddefnyddiol iawn wrth gyfri bara yn y becws erbyn hyn.

Yn un ar ddeg oed, fe es i am Ysgol Uwchradd Botwnnog sydd newydd ddathlu ei sefydlu bedwar can mlynedd yn ôl yn 1616. Tipyn o record yn de. Cyfnod hapus oedd un Ysgol Botwnnog. Awn yno bob diwrnod yn ddi-drafferth ond doeddwn i ddim ond yn gwneud fy ngorau yn y pynciau roeddwn i yn eu hoffi ac roeddwn yn casáu gwersi ymarfer corff.

Fel y gallwch ddychmygu, un o fy hoff bynciau yn yr ysgol oedd coginio hefo Phyllis Roberts o Bwllheli. Byddwn yn mynd â fy nghynhwysion i gyd ar gyfer y wers mewn basged fach wiail. Ydi plant heddiw yn parhau i wneud hyn y dyddiau yma 'sgwn i? Roedd Miss Roberts yn ein paratoi i goginio pob math o bethau a byddai'r gwersi hyn yn gwneud i mi deimlo'n hapus braf wrth weld fy nghampweithiau yn dod allan o'r popty. Anaml iawn y byddai beth bynnag roedden ni wedi ei goginio yn cyrraedd adra chwaith, achos mi fyddai pawb ar y bws wedi sglaffio'r cyfan mewn dim. Welwch chi fai arnon ni – wedi'r cwbwl, mae tipyn o ffordd adra o Fotwnnog i Aberdaron a ninnau ar ein prifiant.

Coleg Llandrillo

Ar derfyn cyfnod ysgol dyma'i throi hi am y coleg. I Goleg Llandrillo yr es i i wneud cwrs dwy flynedd i sicrhau Diploma Ysgrifenyddes Breifat Dwyieithog. Bu bron i mi wneud llanast o bethau achos pan es am gyfweliad i'r coleg, gofynnodd y tiwtor pam roeddwn wedi dewis y cwrs roedd o'n ei arwain a minnau wedi nodi ar fy ffurflen gais mai eisiau dysgu teipio a gweithio mewn swyddfa yr oeddwn i. Cwrs busnes oedd yr un roedd o'n ei gynnig heb deipio'n agos

iddo! Wel, sôn am deimlo fel penbwl. Mae'n siŵr gen i fod
Derek Morris, yr athro Gyrfaoedd yn Ysgol Botwnnog ar y
pryd, wedi meddwl y byddai cwrs busnes yn fy siwtio'n well
na chwrs teipio ac wedi anghofio dweud wrtha' i cyn i mi
fynd am y cyfweliad. Ond ta waeth, cefais fy ngyrru wedyn i
ran arall o'r coleg a chymerodd dynes fach glên o'r enw
Margaret Morris fi dan ei hadain a sicrhau fy mod yn cael
dysgu teipio. Un dda oedd Mrs Morris hefyd. Roedd hi'n
tynnu'r gorau ohonoch chi, ond gwae chi os na fyddech yn
gwneud eich gorau. Rhyfedd meddwl wrth edrych yn ôl fod
Derek Morris wedi ceisio fy arwain hyd lwybr busnes yr
adeg honno a finnau erbyn hyn yn y maes hwnnw.

Torchi llewys

Dydw i erioed wedi bod ofn gweithio, a phan oeddwn yn
ddigon hen i ddechrau ennill tipyn o bres poced, es i chwilio
am swydd yn ystod y gwyliau ysgol fel sawl un o fy ffrindiau.
Y gwaith tymhorol cyntaf ges i oedd gweini yng Nghaffi
Porthor a dyna i chi le prysur. Byddai ymwelwyr yn tyrru i'r
traeth a phob un bron yn galw yn y caffi fel gwylanod llwglyd
eisiau brechdan neu gacen i ginio, ac wrth gwrs, byddai
mynd mawr ar yr hufen iâ. Mynd am siop Spar, Aberdaron
wnes i wedyn a dyna i chi le i ddod i adnabod pobl leol ac i
wrando ar eu sgyrsiau.

Ennill cyflog go iawn

Union bythefnos ar ôl i mi adael y coleg, gwneuthum gais am
swydd yn Amaethwyr Eifionydd Cyf. ym Mhwllheli bryd
hynny. Bellach mae'r adeilad eiconig hwnnw wedi ei
ddymchwel i wneud lle i fusnesau mawr Seisnig fel Costa a

Wilko ac Amaethwyr Eifionydd bellach wedi eu prynu gan gwmni Wynnstay a'r swyddfa a'r storfa wedi eu trosglwyddo i safle Ysgubor Wen yn Rhos-fawr. Beth bynnag, gweithio yn yr adran gyfrifon oeddwn i ar y cychwyn ac yna'n ysgrifenyddes i Alun Williams, y rheolwr a Malcolm Hamilton, prif ysgrifennydd y cwmni. Bûm yno am gyfnod o ddeng mlynedd. Priododd Geraint a minnau yn ystod y cyfnod hwn ac yna fe adewais ar enedigaeth Gwion, y mab. Treuliais gyfnod hapus a difyr iawn yn Eifionydd ac roedd digon o sbort i'w gael yno – rhywbeth sy'n bwysig iawn ym myd busnes. Os yw'r staff yn hapus mae'r cyd-weithio yn mynd i fod o fudd i'r busnes gan fod pawb yn gwneud ei orau. Rydw i'n dal yn ffrindiau mawr hefo'r criw a byddwn yn cyfarfod yn rheolaidd am bryd o fwyd a diod bach i ni gael rhoi'r byd yn ei le.

Canlyn a phriodi

Does na fawr o stori ramantus yn achos Geraint a fi i ddweud y gwir – dau enaid cytûn yn cael eu denu at ei gilydd ydan ni mae'n debyg gan ein bod wedi adnabod y naill a'r llall ers blynyddoedd lawer, a ninnau'n byw yn yr un ardal cyn dechrau canlyn. Cawsom y sws gyntaf ar ôl ras 'Gee gee backs' o Eleri Stores at y bont yn Aberdaron. Go brin y buasai Ger yn gallu gwneud hynna heddiw gan 'mod i dipyn ysgafnach yn fy arddegau! Yr adeg honno, byddai criw mawr ohonom yn ymgasglu y tu allan i'r hen bost bob penwythnos ac ar ôl mynychu'r clwb ieuenctid a chael digon o sbort a phryfocio'r naill a'r llall.

Priodwyd Ger a finnau ar y deunawfed o Orffennaf 1992 yng Nghapel Uwchmynydd. Yn anffodus, roeddwn i hanner awr yn hwyr yn cyrraedd y capel, ond nid fy mai i oedd hynny cofiwch. Yn hytrach, roedd dau neu dri drwg a direidus wedi rhoi tractor a threlar ar draws y lôn a hyd yn

Y tractor ar draws y ffordd ar ddiwrnod ein priodas

oed wedi tynnu'r batri fel nad oedd bosib eu symud. Bu rhaid cael gafael ar dractor arall i'w llusgo i'r ochr wedyn. Yn y cyfamser, roedd Ger yn chwysu chwartiau yn y capel yn meddwl nad oeddwn i am ymddangos.

Geraint, Gwion a Fflur hefo'u maharan buddugol yn Sioe Nefyn tua 2010

Dechrau bywyd priodasol

Ein cartref cyntaf ydi ein cartref o hyd sef Bryn Gwynt, er ei fod dipyn mwy rŵan nag oedd o bryd hynny a sawl estyniad ac ailadeiladu wedi digwydd. Ganwyd Gwion wedyn ar y seithfed o Fai 1997 a bellach mae o'n gweithio ar fferm Bodwrdda a Bodrudd yn ogystal â chadw defaid adra. Yn y dyfodol, mae o'n gobeithio dod i weithio fel pobydd yn y becws ond ar hyn o bryd, gwell ganddo drin y tir na thrin y toes.

Gwion a Fflur wedi dal clamp o bysgodyn

Ymhen dwy flynedd ar ôl geni Gwion, ganwyd Fflur ar y nawfed ar hugain o Fehefin. Erbyn hyn, mae hi yng Ngholeg Meirion Dwyfor ar safle Pwllheli yn astudio cwrs Iechyd a Gofal. Ei dymuniad hi yw cael gweithio hefo babanod neu blant bach. Gobeithio rhyw ddiwrnod y bydd hithau'n dewis dod i weithio atom, ond fel rhieni, teimlwn ei bod yn deg iddynt aredig eu cwysi eu hunain i gychwyn yn hytrach na'u gorfodi i ddod i weithio yn y becws.

Mae Gwion a Fflur wedi bod yn blant yr awyr agored erioed a phan oeddent yn llai, allan roedden nhw trwy'r adeg yn yr ardd neu yn y sied yn chwarae hefo'r ŵyn neu'r moch bach. Pan ddaethant yn hŷn, daethant yn weithgar ar y fferm gan dorri gwellt yn y gerddi a'r maes gwersylla ac yn y blaen. Dydi'r un o'r ddau yn rhai i eistedd yn gwneud dim byd, diolch i'r drefn. I ddweud y gwir ni fyddai'r becws yn llwyddiant oni bai amdanynt hwy. Mae Gwion wedi sicrhau

Geraint a'r plant yn carthu'r sied, Chwefror 2004

fod busnes y fferm yn mynd rhagddo tra bod Ger yn pobi, a Fflur hithau'n cadw'r tŷ mewn trefn a chael pryd o fwyd ar y bwrdd bob nos erbyn i ni gyrraedd adref.

'Nôl i'r swyddfa

Pan oedd Fflur yn dair oed, mi wnes i ddechrau gweithio yn rhan amser fel clerc i adran Gofal Cartref Cyngor Gwynedd yn eu swyddfa ym Mhwllheli. I ddweud y gwir, roeddwn i'n mwynhau cael bod yn 'Gillian' yn ôl am ran o'r diwrnod yn hytrach na 'Mam', a chael bod yn rhan o griw swyddfa unwaith yn rhagor. Bûm yn gwneud y gwaith hwn am chwe mlynedd cyn gadael i sefydlu busnes gwyliau ar y cyd hefo Geraint wrth reswm – 'Gwyliau Fferm Aberdaron.'

Cefais andros o barti ffarwél gan griw'r swyddfa. Aethom mewn car limousine mawr o Bwllheli yr holl ffordd i rasys Caer. Cyn gynted ag y cyrhaeddom yno, aeth y genod â fi am

ginio a 'cocktails' ac wedyn am y
rasys. Na, enillodd neb fawr o
ddim y diwrnod hwnnw ond
cawsom ddigonedd o hwyl.
Dychwelyd adref yn y limo
wedyn dan ganu a chwerthin.
Bu'n ddiwrnod gwerth chweil.
    Ychydig wedi i mi adael y
swyddfa, cafodd Gwion ddwy afr
fach pigmi. Cawsant eu galw ar
ôl dwy o fy nghyd-weithwyr sef
Sheila a Sharon rhag ofn i mi fod
â hiraeth ar eu hôl! Chwerthin
wnaeth Sheila pan glywodd hi
ond doeddwn i ddim yn rhy siŵr
os oedd Sharon yn hapus iawn.

*Gillian yn mwynhau ei hun yn Rasys
Caer, 2008*

'Gwyliau Fferm Aberdaron'

Ers i ni briodi, roedd rhyw ysfa wedi bod ar Geraint a fi i fod
yn berchen ein busnes ein hunain, ac i ddiwallu'r angen
hwnnw dyma ni'n prynu fy hen gartref sef Bryn Mawr,
gyda'r bwriad o'i foderneiddio a'i addasu i gynnal busnes
cadw pobl ddiarth. Rhan gyntaf y prosiect oedd troi yr hen
feudai godro yn fwthyn gwyliau cyfforddus ac wedyn sefydlu
safle carafanau a phebyll. Troesom yr hen weithdy yn bync-
hows, sef adeilad pwrpasol yn cynnig lle i aros gyda llai o
gyfleusterau na'r hyn a geir mewn bwthyn gwyliau arferol
neu westy. Mae lle o'r fath yn gyfleus iawn i bobl sy'n beicio,
dyweder, neu'n cael gwyliau cerdded wrth ddilyn llwybyr yr
arfordir.
    Teimlwn erbyn hyn fod gennym ddewis da o leoedd i
aros a'n bod yn gallu cynnig prisiau amrywiol sy'n addas ar

Geraint a'r plant yn paentio Beudy Mawr – y bwthyn hunan-ddarpar
Awst 2008

gyfer disgwyliadau a phocedi pob math o ymwelwyr o'r bync-hows i lety moethus yn y bwthyn. Mae hi wedi talu i ni fentro arni. Pe baem heb wneud, rhyw ddifaru fyddai hi wedyn. Oes, mae eisiau bod yn fentrus, ac os na fydd pethau'n gweithio, wel, o leia' byddwch yn gwybod eich bod wedi rhoi tro arni.

Bydd yn andros o brysur gyda'r ymwelwyr yn yr haf, ac erbyn hyn mae gofyn i ni fod yn hynod o drefnus yn cadw dau fusnes i gyd-redeg. Peidiwch â meddwl nad ydw i'n cael amser i roi fy nhraed i fyny chwaith – o na, dw i'n gwneud amser. Mae ymlacio'n holl bwysig a byddaf yn gwneud hynny drwy wrando ar gerddoriaeth a gwneud ambell i groesair. Mae Geraint a finnau yn mwynhau cerdded llwybrau'r arfordir a'n hoff lecyn yw ar ben Mynydd Anelog. Gallwn eistedd yno am amser hir yn edrych ar y bywyd gwyllt o'n cwmpas a hynny mewn tawelwch braf. Waeth pa

Ceinwen, Gwyneth (mam Gillian) a Gillian

bryd yr awn yma, mae rhywbeth gwahanol i'w weld, o'r tyfiant dan ein traed i'r tonnau ar y môr.

Rhaid i mi ddweud hefyd nad ydi rhedeg busnesau prysur ddim yn cael gormod o effaith arnom fel teulu. Cyfnod o chwe wythnos yn yr haf sy'n gallu bod yn galed arnom. Fel arall, rydym yn trio ein gorau i sicrhau fod y pedwar ohonom yn dod i eistedd at y bwrdd hefo'n gilydd am swper bob nos. Teulu ydan ni gyntaf bob tro, ond rydan ni'n dîm da hefyd.

Mentro i faes y pobyddion

'Nôl ym mis Tachwedd 2012 penderfynodd Alun Buan Roberts, Erddig, Aberdaron, perchennog Becws Islyn, ymddeol a gwerthu'r busnes ar ôl tri deg a saith o flynyddoedd yn pobi bara. Bu ei dad, Evan Roberts hefyd yn cadw'r becws am dri deg un o flynyddoedd cyn i Guto Griffiths a'i wraig Laura, Penmaes, Uwchmynydd fynd yno am dair blynedd. Maent hwy ill dau, gyda llaw, yn hen daid a nain i Llewelyn Williams o Abersoch sy'n gwneud tipyn o enw iddo'i hun y dyddiau hyn fel syrffiwr dan anfantais ac yn cystadlu mewn cystadlaethau i syrffwyr paralympaidd. Mewn gwirionedd felly, gellir dweud fod Becws Islyn wedi bod yn fusnes teuluol am gyfnod maith, er nad ydi o wedi parhau i fod yn fusnes i'r un un teulu.

Yn ystod dechrau'r tridegau, mae'n debyg, yr agorwyd y becws cyntaf ar safle Becws Islyn. Mae gan Olwen Pritchard, Brig y Don, Aberdaron gof da iawn a hithau'n 91 oed, ac un o'i ffrindiau pennaf ydi Megan Hughes, sy'n byw yn Llanrug erbyn heddiw. Ffrind arall ydi Catherine Mary Jones sydd hefyd yn dal i fyw yn Aberdaron.

Mae Mrs Hughes, sydd bellach yn ei nawdegau, yn ferch i'r pobydd cyntaf yn Islyn sef John Jones. Roedd ei thaid a'i nain, sef William a Mary Jones, yn byw yn Tan y Llyn, bwthyn to gwellt a arferai fod gerllaw Becws Islyn. Yn wir, yno y ganwyd ei thad John Jones neu Jac Pen Fron fel y'i gelwid. Un o Enlli oedd mam Mrs Hughes a Pen Fron oedd enw ei chartref hi yno.

Symudodd y teulu i Danybryn ac yn ddiweddarach i Isallt, neu Seibiant fel y gelwir o heddiw. Erbyn hynny roedd Tan y Llyn wedi mynd â'i ben iddo. Cofia Mrs Hughes fel y byddai hi a'i chyfnither, Catherine, Llys Awel, yn treulio oriau yn chwarae o fewn hen furiau'r adfail a dywed y byddai

*John ac Edith Jones yn yr hen fecws Islyn gwreiddiol
tua chanol tridegau'r ganrif ddiwethaf*

ei nain yn cyfeirio at y lle fel 'cwt blew' am ryw reswm.
Hwyrach ei fod yn gyfeiriad at y defnydd o rawn ceffyl ac
anifeiliaid eraill a ddefnyddid ers talwm i gryfhau plastar
wrth adeiladu a'i fod i'w weld yn adfeilion Tan y Llyn.

Pan ddaeth Mrs Hughes ar ymweliad ag Aberdaron tra
oedd Becws Islyn yn cael ei ailadeiladu, daeth i'w chof
amryw o atgofion pellach. Ei thad agorodd y becws
gwreiddiol tua dechrau'r tridegau. Roedd hi yr adeg
honno'n byw hefo'r teulu yn Glasfor ac roedd ei thad, a oedd
wedi bod ar y môr am flynyddoedd, yn awyddus i dreulio
mwy o amser gydag Edith ei wraig, a'u dau o blant, Lewis a
hithau.

Profodd y becws yn fusnes llwyddiannus i'w rhieni a
chofia fel roeddynt yn cyflenwi bara i Siop Gwynedd yn y
Rhiw, Siop Pencaerau, Siop Pencwm a Siop Penrhyn Bach,
Uwchmynydd a Siop Plas, Anelog. Câi'r bara eu cludo ar y

bỳs a hynny ddwywaith yr wythnos. Buan y daeth ei mam yn un dda am wneud cacennau a byddai ymwelwyr yn dod ag archebion i'r becws cyn dychwelyd adref a mam Mrs Hughes yn postio'r cynnyrch iddynt.

Yn niwedd y tridegau, symudodd John Jones a'i wraig a'r plant i gynorthwyo aelodau eraill o'u teulu i gynnal y swyddfa bost yn Sarn. Bu mam Mrs Hughes yn bostfeistres yno am flynyddoedd lawer. Evan Roberts, Tir Glyn ddaeth i'r becws ar eu hôl. Roedd gŵr arall a arferai bobi bara yn Aberdaron ar y pryd ac yn Sarn ar ôl hynny ac ymhen y rhawg fe ddaeth yn dad-yng-nghyfraith i Mrs Hughes!

Bellach mae gan Mrs Hughes ddau lun yn ei meddiant wedi eu derbyn yn ddiweddar oddi wrth Mrs Jones, Llys Awel. Llun o'r hen fecws ar ddiwrnod tesog braf ydi un a llun o'r tŷ to gwellt y modelwyd becws newydd Islyn arno ydi'r llall. Hefyd ym meddiant Mrs Hughes mae'r cytundeb pryniant rhwng ei thad ac Evan Roberts ac mae'n nodi:

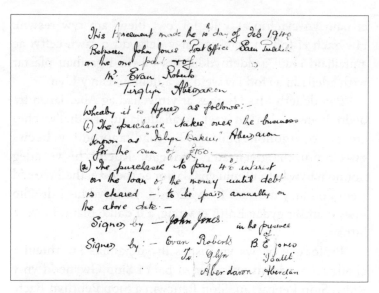

Copi o'r cyntundeb pryniant pan brynwyd Becws Islyn gan Mr Evan Roberts ym mis Chwefror 1940

This agreement made the 10th day of Feb 1940
Between John Jones 'Post Office' Sarn Pwllheli
on the one part & of
Mr Evan Roberts
'Tirglyn' Aberdaron
Whereby it is Agreed as follows:
(1) The purchaser takes over the business
known as 'Islyn Bakery' Aberdaron
for the sum of £150.
(2) The purchaser to pay 4% interest
on the loan of the money until debt
is cleared — to be paid annually on
the above date —
Signed by — John Jones   *in the presence*
Signed by — Evan Roberts   *of*
Tir Glyn   *B.E Jones*
Aberdaron   *'Isallt'*
Aberdaron

Mae hon yn ddogfen hanesyddol ddifyr yn dydi ac yn dangos fel mae prisiau pryniant busnesau, a phopeth arall o ran hynny, wedi codi'n arswydus erbyn heddiw.

Cwt yn gwerthu blawd i ffermwyr oedd yr hen fecws yn wreiddiol ac roedd o'n sefyll ar dir oedd yn eiddo i gapten llong, sef Capten Griffiths oedd yn byw yn Morannedd, Aberdaron. Rhentu'r adeilad oddi wrtho ar ddiwedd y dauddegau i ddechrau'r tridegau er mwyn agor becws wnaeth John ac Edith Jones a byddid yn talu rhent i'r capten amdano.

Pan newidiodd y cwt blawd yn fecws dan ofal John Jones cafodd gymorth gan bobydd Islwyn, Nefyn i ddysgu'r grefft. Byddid yn crasu bara brith yno ar brynhawn Sul pan fyddai'r popty ar wres cymedrol. Roedd Mary Jones, a fyddai'n gweini te prynhawn yn Gwenallt, yn dod â'i bara brith yno i'w grasu bryd hynny.

Byddai masnachwyr eraill yn galw heibio yn wythnosol hefo cynnyrch amrywiol i'w gwerthu yn Islyn. Byddai cynrychiolydd o gwmni Roberts, Felinheli yn galw bob dydd Iau hefo selsig a phasteiod. Ar ddydd Gwener arferai Mr Bushell ddod â ffrwythau yno o'i siop yn yr 'Hall' ym Mhwllheli. Deuai nwyddau o bob math yn wythnosol o siop fferyllydd ym Mhwllheli yn ogystal. I bob pwrpas felly, roedd pentref Aberdaron yn hunan-gynhaliol a doedd dim angen crwydro ymhell i fynd i brynu negesau.

Doedd dim oriau agor swyddogol mewn gwirionedd yn y becws. Pan oedd ar gau, fe allai pobl alw drws nesaf lle'r oedd Bridget, modryb Mrs Hughes a chwaer ei thad, yn byw a byddai hi'n fwy na pharod i agor y drws iddynt.

Cofia Mrs Pritchard fel y gwerthid fferins yn y becws. Os byddai ganddi hi, Megan a Catherine ryw geiniog, byddant yn mynd yno i'w prynu. Ond roedden nhw'n cadw llygad pwy oedd tu ôl i'r cownter achos roedd tad Megan yn fwy tebygol o roi mwy iddyn nhw na'i mam!

Mae Jennie Hughes, Bodermyd Uchaf yn cofio mynd i'r becws hefyd nid yn unig i gael bara ond i brynu'r fferins. Cofia gael paced mawr gan John Jones. Roedd yn ddyn caredig iawn meddai Mrs Hughes ac yn glên hefo pawb.

Un sy'n cofio peth am Fecws Islyn ar ddechrau chwedegau'r ganrif ddiwethaf ydi Wilma Miners o Bwllheli ond sydd bellach yn byw yn y Felinheli. Roedd teulu ei mam yn byw yn Hirwaen, Rhoshirwaen ac roedd un o ferched Hirwaen wedi priodi mab yr Hendre, Aberdaron a chanddynt blant yn cyfoesi â Mrs Miners. Cofia Mrs Miners fel y byddai'r pobydd a'i fab Gwilym, meddai hi, yn arfer galw yn yr Hendre ar eu ffordd i fyny o'r pentref ar ddydd Gwener ac yn dod â thorth o fara hefo nhw i'w modryb sef Claudia Williams a'i gŵr David. Byddai ei modryb yn talu bob amser am y dorth ac yn mwynhau cael sgwrs am ddigwyddiadau'r pentref ac yn y blaen, oherwydd ei bod yn bur gaeth i'r tŷ yn y cyfnod hwnnw.

Dod yn berchnogion becws

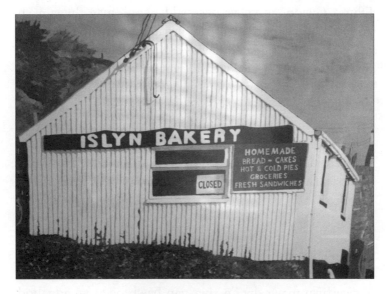

Yr hen fecws rhwng 1929-2014

Penderfynodd Gill a fi fynd ati i brynu'r becws gan ein bod yn credu fod cael un ym mhen draw Llŷn yn hanfodol i wasanaethu'r gymdeithas. Roeddem am drio mynd ati i gadw naws draddodiadol y busnes a hwnnw wedi bodoli yn Aberdaron cyhyd. Does yr un becws arall o fewn cyrraedd rhesymol ac mae torth ffres ar garreg y drws yn siŵr o werthu. Mae Aberdaron wedi bod yn fecca i dwristiaid erioed mewn gwirionedd, o gyfnod y pererinion hyd heddiw, ac mae bara yn anghenraid, dydi, boed o ar gyfer ein defnydd ni ein hunain neu ymwelwyr â'r ardal. Gan fod becws wedi bod ar safle Becws Islyn ers blynyddoedd maith roeddem yn gwbwl ffyddiog y medrem fynd ati i gynnal y gwasanaeth roedd Alun wedi ei gynnig ers degawdau ac y byddem yn medru cadw ein pennau uwchben y dŵr.

Roedd Gill a fi hefyd yn meddwl am ddyfodol ein plant, Fflur a Gwion, ac yn yr oes sydd ohoni, mae rhywun yn gorfod meddwl pa waith fydd ar gael i ieuenctid Llŷn yn y dyfodol. Rhaid i'r ddau ddewis eu cŵys eu hunain wrth gwrs, ond o leia mae'r becws yma iddynt pe byddant yn meddwl ymuno hefo ni yn y fenter yn y dyfodol. Mae gan Fflur ddiddordeb mawr mewn gwneud cacennau ond ar hyn o bryd dydi hi ddim wedi penderfynu yn iawn ar yrfa. Mae Gwion, ar y llaw arall, er ei fod wrth ei fodd yn ffermio, yn rhyw chwarae â'r syniad o ddod atom yn y man. Cawn weld, ond o leia mae bywoliaeth iddynt yma os y byddant ei angen ryw dro.

Tylino'r Toes

Y cwestiwn mawr dw i'n siŵr gan bawb oedd yn adnabod Gill a fi oedd pa gymwysterau oedd gan y ddau ohonom i bobi bara! Y gwir amdani ydi nad oedd gan yr un ohonom fawr o syniad a hynny'n sicir ddigon o fy rhan i, oedd erioed wedi gwneud cacen heb sôn am dorth. Bu cryn dipyn o godi aeliau yn yr ardal pan ddeallwyd mai ni'n dau oedd am gymryd y becws. Weithiau roeddem ni'n dau yn mynd yn chwys oer drosom yn meddwl beth ar wyneb y ddaear roeddem wedi ei wneud yn mynd o weithio oriau rhesymol gall i oriau hollol hurt, ond wir, mae wedi talu ar ei ganfed erbyn hyn.

Tra'n dal i weithio hefo cwmni Wynnstay, roeddwn i'n

trio galw ymhob becws welwn i ar fy nhrafals er mwyn cael gair hefo'r pobyddion a'u holi ynglŷn â gwaith pobydd o ddydd i ddydd a beth oedd y problemau allai godi ac yn y blaen. Rhaid i mi ddweud y bu perchnogion becws Tywyn, Meirionnydd o gymorth mawr i mi. Roedden nhw mor falch o weld fod rhywun yn dechrau busnes becws ac eisiau ein cynorthwyo i lwyddo. Wrth gwrs, roedd pob cyngor bach yn fanteisiol i ni ond doedden ni ddim yn fygythiad iddyn nhw ychwaith gan ein bod ddigon pell i ffwrdd oddi wrth eu cwsmeriaid hwy. Bu Eurwyn o Fecws Glanrhyd, Llanaelhaearn a Jimmy o Fecws Warren, Pwllheli o gymorth mawr yn ogystal ac maen nhw'n parhau i fod felly. Os ydw i ddim yn siŵr o rywbeth neu os byddwn yn brin o flawd neu furum, dim ond codi'r ffôn sydd ei angen ac maen nhw'n barod i helpu bob tro. Bu Robert Roberts o Benygroeslon yn pobi hefo ni am y ddwy flynedd gyntaf hefyd a fo fyddai yn pobi os oedden ni mor ffodus â chael wythnos o wyliau.

Cawsom gwrs dwys o wythnos o hyd yng nghwmni

Paratoi'r toes

Ychydig o dylino

I mewn i'r profwr

Rhoi'r toes yn y cymysgwr

Pwyso'r toes

Rhoi'r toes yn y peiriant i'w siapio

Y dorth yn dechrau ymddangos

Y dorth yn ymddangos . . .

. . . ac i'r tùn â hi

Yn barod i'r popty

Rhoi'r dorth yn y popty

Y ddau bobydd hefo'r cynnyrch gorffenedig

Alun, y cyn-bobydd i ddangos y ffordd i ni. Roeddwn yn flawd drosof am ychydig ddyddiau ond mi ddaliais ati a wir i chi, bu'n llwyddiant. Erbyn diwedd yr wythnos, medrwn wneud torth cystal â Paul Hollywood ei hun ac ew, mi o'n i'n falch o fy nghrefft ac yn clywed blas da ar y frechdan. O ddydd i ddydd rŵan, Gill sy'n gwneud y cacennau a finnau ar y cynnyrch bara. Efallai fod ein cacennau yn troi allan yn wahanol feintiau ac yn y blaen, ond mae'r ddau ohonom yn credu mai dyna mae pobl yn ei hoffi gan eu bod yn gweld fod ein cynnyrch yn gynnyrch cartref ac nid yn rhai wedi eu prynu gan gwmnïau o'r tu allan. Does dim croeso i Mr Kipling a'i debyg ym Mecws Islyn.

Cyn ein bod yn medru agor y becws ar ein liwt ein hunain, roedd yn hanfodol ein bod yn llwyddo mewn cwrs Glendid Bwyd. Buom yn gwneud hwn yn y coleg yn Llangefni. Mae gwaith cofnodi dyddiol yn hanfodol yn y becws ac unrhyw sefydliad arall sy'n ymdrin â bwyd. Rhaid sicrhau tymheredd cyson ar yr oergelloedd a'r rhewgelloedd a sicrhau fod bwydydd megis pasteiod yn cael eu coginio ar y tymheredd cywir. Rhaid i bob arwynebedd bwyd amrwd fod yn hollol lân ac yn sicr mae angen gwneud yn siŵr nad oes llygru neu halogiad rhwng gwahanol fwydydd melys a sawrus. Synnwyr cyffredin ydi llawer ohono wrth gwrs, ond mae'n rhaid glynu at y rheolau – fyddech chi ddim yn hoffi bwyta darn o gacen felen â blas nionyn arni yn na fyddech! O bryd i'w gilydd, rhaid dychwelyd i'r coleg i adnewyddu'r dystysgrif Glendid Bwyd. Bu Nigel Winterburn, ein pobydd arall a minnau ar gwrs Cymorth Cyntaf yn ogystal.

Adeiladu Becws Newydd

Ond er mwyn medru cynnig gwasanaeth i bobl Aberdaron a thu hwnt yn yr unfed ganrif ar hugain, roedd angen newid

Coed ar gyfer y gwaith adeiladu wedi cyrraedd

cryn dipyn ar adeiladwaith y becws. Y cam mawr cyntaf oedd dymchwel yr hen fecws ac adeiladu un arall gyda'r cyfleusterau pobi mwyaf modern a'r gwagle priodol i arddangos a gwerthu ein cynnyrch. Yn ogystal, roedd trawsnewid yr adeilad yn gyfle i ni edrych ar greu logo, brand ac arwyddion newydd. Cawsom gefnogaeth gan gynllun Cywain, Menter a Busnes, yn hyn o beth. Roedd rhaid cael cais cynllunio pwrpasol wrth gwrs i godi adeilad o'r newydd ac i'r perwyl hwn, cafwyd gwasanaeth y syrfëwr Alwyn Griffith, Cae Cymro, Llithfaen.

Adeilad digon bychan oedd yr hen fecws wedi ei rannu'n siop a becws ar wahân. Os am wneud rhywbeth ohoni, yna roedd yn rhaid moderneiddio cryn dipyn a chael yr offer a'r deunyddiau diweddaraf fel y byddem yn gallu cynhyrchu hyd eithaf ein gallu a chynnig amrywiaeth o gynnyrch popty. Doedd dim lle i droi yn yr hen fecws i ddeud y gwir ac roedd

Y becws yn ei hen ogoniant

Yr hen sgerbwd

Ar ei ochor!

Y digar wedi chwalu'r cyfan

Torri'r sylfaen

Y sylfaen newydd

yn rhaid storio popeth o fewn y becws. O ganlyniad, roedd hyn yn cyfyngu ar yr hyn y gellid ei gynhyrchu heb sôn am fod yn gur pen o safbwynt Iechyd a Diogelwch, y mae cymaint o bwys arno y dyddiau yma. Hawdd iawn fyddai i rywun faglu dros rywbeth a hwyrach mynd ar ei ben i bopty crasboeth! Roedd hi'n bwysig cael gwell siop i werthu ein cynnyrch hefyd a chreu gwagle manteisiol i arddangos ein cynnyrch i'r cyhoedd wrth iddynt gerdded i mewn. Does dim pwrpas mynd ati i bobi a chadw'r cynnyrch o olwg y cyhoedd yn nag oes - maen nhw eisiau gweld beth rydych chi'n medru ei wneud er mwyn tynnu dŵr o'r dannedd a'r arian o'u pocedi!

Buom yn ddigon ffodus ym mis Ionawr 2015 i dderbyn £132,000 o Gronfa'r Loteri i fynd tuag at gostau cyflogau llawn amser y Rheolwr Popty (y fi!) a dwy swydd Rheolwr a Phobydd Cynorthwyol sef Gill a Nigel Winterburn. Defnyddiwyd arian cyfalaf i dalu am y popty newydd ac i brynu fan i gael ymestyn ein rhwydwaith dosbarthu yma yn Llŷn ac Eifionydd. Sicrhaodd yr arian hefyd ein bod yn datblygu ystafelloedd ar yr ail lawr fel gweithdai ar gyfer grwpiau pobi cymunedol a chymdeithasau fel Merched y Wawr neu Glybiau Pensiynwyr ddaw yma o bryd i'w gilydd i gael hanes y becws a chael arddangosfa goginio a phrynu peth o'n cynnyrch i'w flasu ar ôl mynd adra gobeithio!

Credwn fod cynllun y becws newydd yn un hynod o drawiadol ac unigryw. Gan fod Becws Islyn wedi ei leoli wrth droed yr allt i lawr i'r pentref, mae'n un o'r adeiladau busnes cyntaf a wêl pobl ac felly mae'n rhaid iddo fod yn atyniadol. Diflannodd yr hen gwt unllawr to sinc ac yn ei le, codwyd adeilad atyniadol ar ffurf torth mewn gwirionedd. Adeilad deulawr ydi o bellach gyda tho gwellt ac wedi ei baentio'n lliw torth newydd ei phobi.

Bu'r to gwellt yn dipyn o destun trafod ond wedi ei seilio ar hen fwthyn to gwellt arferai fod yn ymyl Becws Islyn mae

Yr adeilad newydd yn dechrau ymddangos

Gosod trawstiau'r to a disgwyl y to gwellt

Y talcen blaen

o. Bu raid troi at gwmni arbenigol o Eling yn Southampton i'w osod gan nad oes fawr o neb bellach yn ymwneud â'r grefft o osod toeau gwellt. Roedd pawb arall fu'n ymwneud â'r ailadeiladu yn grefftwyr cymharol leol. Aled Roberts ddaeth yma'n gyntaf hefo'i ddigar i dyllu ar gyfer y sylfaen ac i ymestyn y safle. Roeddem wedi llwyddo i brynu darn o dir Morannedd gan Alwyn ac Eirlys Hughes oherwydd fod y becws newydd yn mynd i fod yn fwy o faint. Cwmni Jones a Williams wnaeth y gwaith adeiladu a Bleddyn Morgan, Edern oedd y saer coed. Owain R. Williams oedd yn gyfrifol am y gwaith trydanol.

Doedd dim dadlau ynglŷn â chadw enw'r hen fecws ychwaith – Becws Islyn oedd o a Becws Islyn fydd o. Fel mae'r enw'n awgrymu, mae'r becws wedi ei leoli yn 'is i lawr na'r llyn'. Does dim arlliw o lyn yno heddiw ond arferai un fodoli uwchlaw'r hen felin. Bu'r cynghorydd lleol, Gareth Roberts yn gefnogol iawn i ni hefyd a dywedodd yn y wasg leol fod:

'Adeilad Becws Islyn nid yn unig yn rhoi delwedd gadarnhaol i'r pentref, ond yn cynnig bwyd a gwasanaeth o safon i drigolion ac ymwelwyr fel ei gilydd.'

Cymerodd hyd at bum mis i'r gwaith adeiladu gael ei gwblhau o fis Chwefror 2014 hyd at y mis Gorffennaf

Rhoi golchiad calch ar y waliau

Walio a gosod y ffens

Y tu mewn yn siapio

canlynol. Peidiwch â meddwl nad oedd pobl Aberdaron ddim yn cael bara ffres ar garreg eu drws yn ystod y cyfnod hwn – o na! Roedd y gwaith pobi'n cael ei wneud mewn cynhwysydd neu fath o lori bwrpasol ar dir Bodrydd, Rhoshirwaen drwy garedigrwydd Huw ac Yvonne Evans. Roedd yn rhaid cael y cynhwysydd arbennig hwn oherwydd fod angen cyflenwad trydan teirgwedd ar beiriannau'r becws. Symudwyd yr hen gymysgwr bara a'r popty efo tractor a threlar i Bodrydd. Craswyd popeth yno bob bore am gyfnod a'u cario lawr wedyn i gwt bugail pren neu 'pod' ger safle'r hen felin sydd gyferbyn â Becws Islyn. Hoffem ddiolch yn fawr iawn yma i Enid, Ger yr Afon am adael i ni ddefnyddio ei chyflenwad trydan hi o'i thŷ i gael golau ac yn y blaen yn y cwt bugail ac roedd John a Siân Williams, Siop y Spar yn cyflenwi dŵr i ni. Does ganddon ni ond canmoliaeth mawr a diolch i bawb am eu parodrwydd i'n helpu yn ystod y cyfnod trafferthus hwn.

Wrth reswm, doedd fawr o le i symud yn y cwt bugail, ond o leia roedd o'n fodd i gadw'r busnes i droi er yn dipyn o sialens. Roedd y drws yn ddau hanner fel drws stabal ac felly roedd y cwsmer yn sefyll yr ochr allan ac un ohonom ni'n dau yr ochr arall efo llwyth o fara a chacennau o'n cwmpas. Roedd rhaid symud pethau o gwmpas yn aml er mwyn medru cyrraedd at bethau gwahanol. Llawr pren oedd arno ac roedd y poteli diod yn yr oergell wrth ochor y peiriant tafellu bara. Bob tro roedd torth yn cael ei sleisio roedd y poteli'n dawnsio tu mewn i'r oergell ac yn taro'n erbyn ei gilydd. Roedd raid ei symud hi reit handi rhag ofn i'r caniau diod meddal chwythu hefyd a chreu andros o lanast.

Aeth gwaith adeiladu'r becws yn ei flaen yn arbennig o dda gyda'r tywydd, yr adeiladwyr a'r seiri coed o'n plaid. Bu cryn gynnwrf wrth i'r to gwellt gael ei osod. Wythnos y Sulgwyn oedd hi ac felly roedd llawer o ymwelwyr o gwmpas. Pe taswn i wedi codi punt am bob person fu'n sefyll

Y llwyth gwellt wedi cyrraedd

57

Dechrau toi gyda'r gwellt

Wedi cwblhau'r cyfan

yn edrych ar y crefftwyr wrth eu gwaith, byddai'r to wedi ei dalu amdano o fewn yr wythnos. Oedd wir, roedd o'n dipyn o atyniad yn Aberdaron yn ystod y cyfnod hwnnw.

Sialens ychwanegol wedyn oedd lleoli'r peiriannau newydd ac yna dysgu sut i'w defnyddio a hynny ar fin cychwyn tymor prysuraf y flwyddyn. Doedd dim amdani am ychydig ond parhau i bobi yn y bore yn Bodrydd a gwneud rhywfaint wedyn yn y peiriannau newydd er mwyn dod i arfer.

Doedd neb yn fwy balch o weld yr adeilad newydd yn barod na Gill a fi yn

Y fynedfa i'r siop a'r tŷ coffi

Tu mewn y siop

sicr i chi. Mae hi bellach dipyn yn haws i redeg y busnes o ganlyniad. Gall y peiriant cymysgu bara er enghraifft wneud toes i gynhyrchu deg a phedwar ugain o dorthau ar y tro gan gymryd dim ond wyth munud yn hytrach na phum munud ar hugain i wneud deg ar hugain. Mae buddsoddiad yn y peiriant profi toes wedi bod yn werth phob ceiniog gan ei fod yn golygu nad oes raid cadw gwres y gegin yn uchel nes bod rhywun yn chwysu chwartiau. Y cyfan sydd raid ei wneud rŵan yw rhoi'r toes yn y profwr a chau'r drws a gadael i'r burum wneud ei waith. Popty pum dec ydi o gydag amserydd arno ac felly ddylai'r un dorth na chacen fod wedi llosgi pan ddaw allan. Mae'r holl broses bobi bellach wedi cael ei hwyluso a'i chwtogi yr un pryd.

Creu Logo

Logo newydd y becws

Yr ydym wedi bod yn lwcus yn derbyn grant gan Menter Môn yn ogystal i ddylunio logo i ni ac wedyn creu bocs anrheg ar siâp unigryw y becws ac fe aethom at gwmni dylunio Gringo ym Mhenygroes ar gyfer gwneud hyn. Creodd Justin Davies, cyfarwyddwyr cwmni Gringo, ddyluniad brand newydd i ni yn ogystal â'r bocs anrheg unigryw ar siâp a lliw yr adeilad to gwellt a waliau calch y becws. Mae'r bocs anrheg wedi cael

Y bocs anrheg

derbyniad ffafriol iawn gan bobl leol ac ymwelwyr fel ei gilydd i gario ein cynnyrch adref hefo nhw. Maent yn arbennig o boblogaidd gyda phlant ac yn fodd iddynt gario eu bwyd i'r traeth hefo nhw yn yr haf. Ar y bocs gellir gweld ein logo sef siâp y becws gyda thywysennau ŷd bob ochr iddo ac enw'r becws ar y gwaelod. Mae'r bocs hefyd, wrth gwrs, yn ffordd effeithiol iawn o farchnata ein cynnyrch.

Tŷ Coffi Islyn

Ein bwriad o'r dechrau oedd cael caffi uwchben y becws i ddenu mwy o bobl i mewn yn ystod tymor yr haf yn sicr. Yn nhymor yr hydref a'r gaeaf, wrth gwrs, mae'n dawelach yma ond braf ydi gweld trigolion y pentref a'r ardal yn galw i mewn am baned a sgwrs. Mae'r caffi felly yn gwasanaethu i raddau fel ryw ganolfan gymdeithasol fach.

Penderfynom ofyn i Robert David sy'n byw ym Melin Cefn Llanfair, Rhydyclafdy, wneud y gwaith cynllunio i ni. Mae Robert David yn Gymro Cymraeg sydd wedi ei hyfforddi fel cynllunydd mewnol ac yn berchen bellach ar ei gwmni cynllunio ei hun ers 1996.

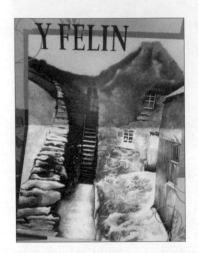 

Rhai o'r murluniau

Gwnaed y gwaith dylunio a phaentio lluniau ar y wal gan gwmni 'Coastal Painters and Decorators' sydd ar safle diwydiannol Glandon, Pwllheli. Y ddau oedd yn gyfrifol oedd Darren Evans a Gary Millichip. Gyda mewnbwn Gill, y fi a Darren a Gary, mae'r murluniau'n gyfuniad o weithiau celf a ysbrydolwyd gan hanes, llenyddiaeth a chwedloniaeth yr ardal yn cynnwys yr hen fecws, yr hen felin, goleudy Enlli, hen fapiau o'r ardal, hen bentref Aberdaron a cherdd enwog Cynan i bentref Aberdaron, sy'n agor gyda'r pennill:

> Pan fwyf yn hen a pharchus
>   Ac arian yn fy nghod,
> A phob beiriniadaeth drosodd
>   A phawb yn canu nghlod,
> Mi brynaf fwthyn unig
>   Heb ddim o flaen ei ddôr,
> Ond creigiau Aberdaron
> A thonnau gwyllt y môr.

Yn ogystal, darluniwyd hen gymeriad nodedig yn yr ardal, sef Dic Aberdaron a'i fwthyn, Cae'r Eos. Creadur od iawn oedd Dic Aberdaron neu Richard Robert Jones (1780 – 1843) yn ôl pob sôn. Edrychai fel cardotyn o ran gwisg ac roedd ei got fawr laes yn llawn o lyfrau – bron iawn na fuaswn yn cyfeirio ato fel y llyfrgell deithiol gyntaf! Câi ei ddilyn i bob man gan nifer o gathod – rhaid ei fod yn garedig iawn wrthynt neu roedd o'n siŵr o fod yn meddu ar ryw arogl arbennig oedd yn atyniadol iawn iddynt! Dywedir ei fod wedi dysgu nifer fawr o ieithoedd fel Lladin, Groeg, Hebraeg, Sbaeneg ac Eidaleg er na chafodd fawr ddim addysg ffurfiol. Crwydrai'r wlad yn gyson a honnir iddo werthu ei Feibl yn Llundain i'w alluogi i brynu mymryn o fwyd a cherdded yn ei ôl yno wedyn i'w ail brynu ar ôl cael digon o bres. Mae o wedi ei gladdu mewn bedd tlodion yn

Llanelwy ac wedi ei anfarwoli yn un o ganeuon Bryn Fôn, sef 'Richard Robert Jones', ac wrth gwrs, yng nghyfres rhigymau T. H. Parry-Williams i 'Dic Aberdaron':

Parchwn ei goffadwriaeth, oll ac un.
Mawrygwn yr ieithmon a'r cathmon hwn o Lŷn.

Os ffolodd ar fodio geiriadur a mwytho cath,
Chwarae-teg i Dic – nid yw pawb yn gwirioni'r un fath.

Dic Aberdaron

Dyluniad trawiadol arall ar y mur ydi un o frenin Enlli. O tua 1826, roedd traddodiad ar Enlli i ethol brenin. Câi ei goroni gan un o deulu'r Arglwydd Newborough oedd yn berchen ar yr ynys ar un adeg. Y brenin cyntaf oedd John Williams ac fe'i dilynwyd gan ei fab o'r un enw yn ddiweddarach. Yn anffodus, gofynnwyd i'r trydydd brenin adael yr ynys oherwydd ei fod yn feddwyn! Y brenin olaf oedd Love Pritchard a fo yw'r un sydd yn y dyluniad gyda'i goron arbennig. Mae Coron Enlli bellach yn cael ei chadw yn

Amgueddfa Forwrol Lerpwl ond bu'n cael ei harddangos mewn arddangosfa yn Amgueddfa ac Oriel Gwynedd, Bangor o Hydref 2009 hyd Ebrill 2010. Bu'r goron ar un cyfnod yn cael ei chadw ym Mhlas Boduan hefyd pan oedd y lle yn parhau ym mherchnogaeth teulu Newborough.

Mae'r gwaith dylunio wedi bod yn arbennig a sawl un wedi dweud pa mor drawiadol yw'r lluniau, ac yn sicr maent yn destun sgwrs dros baned o de a sgonsan neu ryw gacen gyffelyb.

Agor y Tŷ Coffi

Agorwyd y Tŷ Coffi ar ddiwrnod Sul y Mamau, mis Mawrth 2015 a daeth oddeutu cant a hanner o bobl i'n cefnogi ar y diwrnod anhygoel hwnnw. Yn fuan iawn roedd pob cadair yn llawn, y siop yn llawn o bobl yn aros i fynd i fyny'r grisiau i'r tŷ coffi a hefyd pobl yr ochr allan yn disgwyl i gael dod i mewn. Mae'n dda o beth ei bod yn ddiwrnod sych a braf ac roedd siarad mawr a chwerthin i'w glywed wrth gerdded dros y bont tuag at y becws. Roedd Gillian yn teimlo'n reit emosiynol ar adegau wrth sylweddoli pa mor lwcus oeddan ni fod yr holl bobl yma, sef ein teulu, ffrindiau, cymdogion a thrigolion Llŷn, a rhai o ardal Eifionydd, wedi galw hefo ni i ddangos eu cefnogaeth i'n menter newydd.

Ar ddechrau'r diwrnod roedd Fflur, Shân a Ceinwen yn gweithio yn y caffi a ni'n dau yn ôl ac ymlaen rhwng y siop a'r cefn. Ond buan iawn y bu raid i ni chwilio am ddwylo ychwanegol i'n helpu a chodwyd y ffôn ar famau'r ddau ohonom. Bechod, achos roedd y ddwy fam wedi cael gwahoddiad gennym i ddod am De Prynhawn fel anrheg Sul y Mamau ac yn gorfod dod i'r becws yn y diwedd i weithio. Ar ddiwedd y dydd, dim ond y gweddillion gawsant i de ond er hynny cawsom ni de bach digon blasus a difyr ar ôl i bawb

Y ddwy Nain – Nan Nan Bryn Mawr a Nan Nan Bodermyd Isaf
Tachwedd 1999

ymadael a sgwrsio a chwerthin am sut roedd y diwrnod wedi
mynd, a'r peth mwyaf pwysig a ddeilliodd o hynny oedd
penderfynu fod yn rhaid i ni brynu peiriant golchi llestri cyn
gynted â phosib!

Yn ystod tymor yr haf, bydd y tŷ coffi yn brysur o fore
gwyn tan nos. Mae'r ffaith fod cymaint o bobl yn dod yma i
wersylla yn golygu fod ein brecwast Cymreig yn boblogaidd.
Mae cerddwyr ar lwybr yr arfordir yn falch o'n brecwast
llawn cyn cychwyn eu taith hefyd. Ceisiwn gynnig bwydydd
Cymreig iddynt gan ychwanegu crempog datws yn hytrach
na'r 'hash browns' a geir yn y brecwast llawn Seisnig.

Hwyrach y byddwn cyn hir yn medru cynnig rhyw
grempogan sy'n hanu o Lŷn ei hun ac mae Gill yn ymchwilio
i'r posibiliadau. Un awgrym ydi Crempog Surgiach. Ar y
ffordd fyny i Uwchmynydd mae tŷ a elwir yn Wenallt
heddiw ond a elwid yn Weild ers talwm lle'r arferai modryb
i Olwen Pritchard, Brig y Don, o'r enw Anti Mary gadw caffi

bach. Byddai'n gwneud y crempog surgiach yno gan ddefnyddio burum ac roedd o'n llond padell.

Traed prysur

Rhwng pawb, mae yma bymtheg aelod o staff. Y ni'n dau sydd yn y cefn yn pobi a gwneud y cacennau. Wedyn mae Nigel Winterburn hefo ni fel pobydd llawn amser. Mae Ceinwen, chwaer Gill wedi ei chyflogi'n llawn amser yn ogystal ac mae hi yng ngofal y siop. Ein gweithwyr tymhorol ydi Shân Williams, Ifan V. Thomas, Helen Hirst, Cian L. Jones, Alaw E. Thomas, Gwen E. Hughes, Beca L. Hughes, Huw J. Evans, Cerys M. Jones, Alaw H. Lewis ac wrth gwrs, Fflur, y ferch. Rhwng pawb rydan ni'n dod i ben â hi'n dda iawn ac i ddweud y gwir fedrwn ni ddim ond canmol ein staff i'r cymylau. Maen nhw'n gweld eu gwaith a phob amser â gwên ar eu hwynebau wrth groesawu cwsmeriaid. Maent yn

Huw, Fflur, Alaw Enlli a Beca

ddigon parod i ddod i mewn ar fyr rybudd hefyd os digwydd i ni gael cyfnod andros o brysur ambell ddiwrnod yn yr haf.

Hybu'r Gymraeg

Rydym i gyd yma yn trio ein gorau i roi gwasanaeth teg a chyfeillgar i bawb sy'n galw i mewn. Mae cwrteisi ac wyneb siriol yn hynod o bwysig mewn unrhyw fusnes a dydi Becws Islyn ddim yn eithriad. Nodwedd arall o fusnes y becws ydi ein hymrwymiad i'r iaith Gymraeg. Ar ôl derbyn arian y cwsmer, 'Diolch' fydd y gair cyntaf a ddywedir ac wedyn 'Thank you'. Mae'r Saeson i'w gweld yn hoffi hyn ac mae sawl un ohonynt yn ceisio yngan y gair Cymraeg wedyn. Cywilydd o beth fyddai rhoi blaenoriaeth i unrhyw iaith arall heblaw'r Gymraeg yma ym mhen eithaf Llŷn o bobman, ynde?

Er mai Sais o Lerpwl ydi Nigel ein pobydd arall yn wreiddiol, mae o rŵan yn byw yn Llangwnnadl ers blynyddoedd ac mae wedi bwrw ati i ddysgu'r Gymraeg o ddifri oherwydd ei fod bellach yn gweithio mewn awyrgylch cwbl Gymreig.

Yn wir, y llynedd, fe wnaethon ni ennill 'Gwobr Busnes Mwyaf Cymraeg yn y Byd' oherwydd ein bod yn amlygu'r iaith Gymraeg fel un o asedau mwyaf gwerthfawr yr ardal. Y llynedd oedd y tro cyntaf i'r wobr gael ei chyflwyno ac roeddem ni yma yn Mecws Islyn yn falch iawn mai ni enillodd yn ein categori. Gwobr busnes ychydig yn wahanol i'r arferol ydi hon sy'n camu oddi wrth wobrau proffesiynol neu fasnachol ac yn troi at ffordd ddifyr a hwyliog o ddathlu busnesau sydd eisioes yn defnyddio'r Gymraeg o fewn eu busnesau. Y cyhoedd mewn gwirionedd oedd yn gyfrifol am ein dewis oherwydd y cyfan roedd rhaid ei wneud oedd pleidleisio ar ffrwd Trydar neu dudalen gweplyfr 'Arloesi Gwynedd Wledig' neu gellid dewis hoffi fideo perthnasol ar 'You Tube'.

Erthyglau am y becws
mewn ambell i gylchgrawn

Gwaith o ddydd i ddydd

Mae Becws Islyn bellach ar agor saith diwrnod yr wythnos o'r Pasg hyd at ddiwedd mis Hydref. Byddwn ar gau bob dydd Mercher a Sul am weddill y flwyddyn. Nid oes gennym oriau agor neilltuol. Bydd y drws yn agor tua saith yn y bore i gael awyr iach o'r gwres a'r stêm ac yn cau pan fydd y dorth ddiwethaf wedi ei gwerthu neu'r pentref wedi tawelu. Yn aml iawn, mi fydd hi tua saith neu wyth o'r gloch y nos ar y drws yn cau dros gyfnod chwe wythnos gwyliau'r haf.

Gallwn weithio oriau mawr dros y cyfnod pwysig hwn. Bydd ein staff tymhorol yn gweithio o wyth y bore tan chwech yr hwyr ac maent hefyd yn gweithio shifftiau.

Ar waethaf yr oriau hir, fedra' i ddim dweud fod Gill na minnau yn difaru mentro i brynu'r becws. Ydan, rydan ni'n dau wedi blino'n lân weithiau ac yn amau a ydan ni'n gall yn gweithio oriau hirion, ond wedyn ein dewis ni oedd prynu'r lle ac os am wneud llwyddiant o unrhyw fusnes, rhaid rhoi pob awr yn y dydd iddo weithau. Yn barod, rydym wedi gweld mantais cyflogi pobydd llawn amser hefo ni rŵan ac mae gennym ychydig yn fwy o amser yn rhydd nag oedd ar y cychwyn. Nigel bellach sy'n pobi yn ystod yr wythnos ers canol mis Medi 2016 ac felly bydd hi hyd nes iddi ddechrau prysuro erbyn y Pasg eto. Rydan ni'n dau yn trio cael mwy o drefn adra ac yn dod i'r becws bob dydd Mercher a dros y Sul. Cyn i Nigel ddod atom, roeddwn i'n codi am bump y bore, a hyd yn oed am dri yn ystod chwe wythnos yr haf, a dod adref erbyn wyth i gael brecwast distaw a mymryn o orffwys, cyn dychwelyd i'r becws. Mae pethau wedi setlo erbyn hyn a gwell trefn ar bopeth.

Gwaith papur

Ynghlwm ag unrhyw fusnes mae gwaith papur. Rhaid i ni sicrhau fod popeth yn cael ei gofnodi'n drefnus ac er ei fod o'n fwrn ar brydiau, mae'n rhaid ei wneud. Gan fod Gill yn meddu ar gymwysterau ysgrifenyddol, y hi sy'n gwneud y gwaith papur i gyd ond fe fydda i'n mynd trwy'r ffigyrau hefo crib fân i sicrhau nad ydan ni ddim yn gwerthu dim ar golled. Mi fasa hynny yn llanast llwyr yn bydda! Gill hefyd fydd yn cael y gwaith o dalu cyflogau.

Problem gynyddol yng nghefn gwlad y dyddiau hyn ydi diffyg banciau. Mae canghennau lleol wedi cau ac felly mae'n ofynnol i ni deithio i Bwllheli pan mae'n rhaid ymweld â'r banc. Gall hyn fod yn drafferthus iawn yng nghanol prysurdeb yr haf ac mae'n golygu colli amser gwaith o'r becws i un ohonom. Wrth gwrs, yn yr oes sydd ohoni mae llawer o bobl yn dewis talu hefo cerdyn ac mae hynny'n digwydd fwyfwy yma erbyn hyn hyd yn oed. Gall prinder arian mân beri trafferth yn enwedig yn ystod misoedd yr haf ond diolch i'r drefn mae Siân, sy'n goruchwylio'r post o fewn siop Spar yn y pentref, yn dod i'r adwy hefo hynny. Ceisiwn bwysleisio ar ein staff i ofyn i gwsmeriaid ein helpu yn ogystal drwy ofyn am 20 ceiniog dyweder os yw eu bil yn £1.20 a hwythau am dalu hefo papur pumpunt.

Hyrwyddo'r Becws

I sicrhau fod pobl yn dod i wybod amdanom, mae'n bwysig manteisio ar unrhyw gyfle i hyrwyddo ein busnes mewn mwy nag un ffordd. Rydym yn hysbysebu'n gyson yn y papur bro lleol Llanw Llŷn ac mewn cyhoeddiadau eraill o bryd i'w gilydd megis rhaglenni eisteddfodau a sioeau lleol. Byddwn yn ymweld â Marchnad Cynnyrch Llŷn a gynhelir ym mhentref Sarn ar y Sadwrn cyntaf o bob mis yn rheolaidd ac yn amlach na pheidio, byddwn wedi gwerthu popeth yn weddol fuan yno erbyn dechrau'r prynhawn.

Hyd yma, nid ydym wedi llwyddo i gyrraedd llawer o ffeiriau bwyd mawr oherwydd pwysau gwaith cynhyrchu ar gyfer y becws ei hun ond ers 2016 mae pethau wedi llacio ar y ddau ohonom ni oherwydd fod Nigel hefo ni bellach. O ganlyniad, buom yn Ffair Nadolig Llandudno ac yn Hwyl yr Ŵyl a gynhaliwyd ym Mhlas Heli, Pwllheli ddiwedd y flwyddyn. Profodd y cyfan yn fanteisiol iawn i ni yn ariannol a chawsom ganmoliaeth gan rai a ymwelodd â'n stondinau. Yr unig anfantais o fynd i ffeiriau bwyd yw ei fod yn waith caled yn enwedig os ydym mewn ardal ddieithr. Roedd ffair Llandudno yn ystod Tachwedd er enghraifft yn para am bedwar diwrnod ac oherwydd nad oedd pobl yn ein hadnabod yno roedd eisiau trio eu denu at ein cynnyrch trwy'r adeg. Er hynny, bu'r ffair yn llwyddiant ariannol da i ni a sawl un yn dweud y byddant yn siŵr o alw yn y becws wrth ymweld ag Aberdaron yn y dyfodol. Gobeithio wir y byddant yn cadw at eu gair yn de.

Rydym yn chwarae hefo'r syniad o ymweld â Gŵyl Fwyd a Chrefft Portmeirion yn mis Rhagfyr 2017 hefyd. Yn 2016 dim ond congl fach ar fwrdd Cynnyrch Llŷn oedd gennym er mwyn i bobl fod yn ymwybodol ohonom. Braf dweud fod amryw wedi holi yno ynglŷn â Becws Islyn, sy'n brawf fod pobl yn gefnogol i ni.

Mae'r ffaith ein bod bellach yn berchen ar fan yn elfen arall o hyrwyddo'r becws. Gan fod enw'r becws yn ogystal â'r logo a rhif ffôn arni, gobeithio fod pobl yn cymryd sylw ac yn penderfynu cysylltu â ni.

Y dyddiau hyn, mae gan bron bawb fynediad at y rhyngrwyd yn eu cartrefi ac rydan ni'n gwneud llawer i hyrwyddo Becws Islyn ar y We. Er nad oes gennym ein safle we ein hunain eto, mae'n un o'r pethau rydym yn ystyried ei wneud. Byddwn yn cyfrannu'n rheolaidd i dudalennau gweplyfr gan gynnwys rhyw bwt o newyddion perthnasol ac ambell lun difyr. Braf hefyd ydi medru darllen adolygiadau ffafriol amdanom ar wefannau megis 'Trip Advisor' a chael adborth calonogol.

Ar hyn o bryd hefyd, mae Aberdaron wedi cael rhwydwaith Wi-Fi cyhoeddus am ddim mewn cynllun arbrofol. Does gan nifer o ardaloedd gwledig yng Ngwynedd ddim gwasanaeth ffôn 3G neu 4G sy'n golygu na all pobl gysylltu â'r rhyngrwyd na derbyn signal ar eu ffonau symudol. Mae busnesau Aberdaron wedi manteisio ar y cynllun hwn a'r cyfan oedd angen i ni ei wneud oedd gosod trosglwyddyddion Wi-Fi ar ein busnesau. Y dyddiau yma, mae pobl yn disgwyl medru cysylltu â'r rhyngrwyd i chwilio a rhannu gwybodaeth, dod o hyd i atyniadau gwyliau ac yn y blaen. Mae'r becws yn sicr wedi elwa o'r cynllun gan fod cymaint o ymwelwyr yn galw i mewn ac yn dweud iddynt weld a darllen amdanom ar y cyfryngau cymdeithasol.

Ers i ni gychwyn y busnes rydym wedi cael sawl ymweliad pwysig sydd wedi rhoi hwb i'n busnes. Un fu hefo ni yr holl ffordd ar y cychwyn oedd Mali Evans o gwmni teledu Cwmni Da a sicrhaodd fod y cyfan yn cael ei ffilmio ar gof a chadw, o dynnu'r hen fecws i lawr i agor yr un newydd. Mae Daloni Metcalfe a chriw ffilmio'r rhaglen deledu 'Ffermio' wedi bod yma yn recordio a braint arall oedd cael croesawu'r cogydd llwyddiannus Bryn Williams o fwyty enwog Odette's ym Mryn Briallu, Llundain, sydd bellach hefyd yn gyfrifol am fwyty arall ym Mhorth Eirias, Bae Colwyn. Galwodd draw i ffilmio ar gyfer ei raglen goginio boblogaidd ar S4C, 'Cegin Bryn'.

Un ymweliad sydd wedi profi'n ddifyr iawn oedd yr un pan ddaeth Supachai o wlad Thai atom. Daeth Supachai i aros hefo ni am ddeuddydd dro'n ôl er mwyn ffilmio ar gyfer y rhaglen 'Benthyg Teulu'. Deintydd ydi o wrth ei alwedigaeth yn ei wlad enedigol ond fe ddaeth draw i Gymru i wneud gwaith ymchwil. Roedd wedi ymgartrefu yn Abertawe ers chwe mlynedd ac wedi dysgu'r Gymraeg ac eisiau'r profiad o fywyd gyda theulu rhugl eu Cymraeg. Roedd wrth ei fodd ym Mhen Llŷn ac hefo'n ffordd o fyw. Cyn iddo'n gadael, fe wnaethon ni gyfnewid sawl rysáit i ddwdud y gwir, er nad ydym wedi mentro ar yr un ym Mecws Islyn eto! Bellach mae Supachai wedi dychwelyd i wlad Thai ac mae Ger a fo'n dal i gysylltu'n rheolaidd drwy gyfrwng Gweplyfr ac rydym wedi cael cynnig mynd i aros ato fo a'i deulu unrhyw dro. Pwy ŵyr, efallai y bydd cangen o Fecws Islyn yn rhywle yng Ngwlad Thai yn y dyfodol!

Cafodd pentref Aberdaron ymweliad brenhinol ym mis Gorffennaf 2016 a daeth y Tywysog Siarl a'i wraig yma am banad yn ogystal ag ymweld â busnesau eraill yn yr ardal. Rhyfedd meddwl 'mod i wedi cael sgwrs â'r tywysog ynglŷn â'r becws yn benodol a'n syniadau am yr hen felin. Gobeithio y bydd o'n rhoi gair da i mewn ar ran Gill a fi pan fyddwn yn chwilio am grant ar gyfer ein datblygiad busnes nesaf, ac yntau wedi sefydlu 'Cronfa Cefn Gwlad' yn 2010 i gefnogi busnesau bach a mentergarwch mewn ardaloedd gwledig! Cyfeiria Gill at yr ymweliad yn fwy manwl yn nes ymlaen.

Milltiroedd bwyd

Rhoddir llawer o bwys bellach ar filltiroedd bwyd ac mae mwy a mwy o bobl yn disgwyl cael bwydydd sydd wedi'u cynhyrchu'n lleol yn hytrach na phrynu bwydydd wedi'u mewnforio o wledydd tramor a'r rheini wedi cael eu cario filltiroedd meithion gan losgi tanwydd a rhyddhau pob math o nwyon sy'n halogi'r amgylchedd. Rydan ni'n ymwybodol iawn o hyn a ninnau ar ben draw Penrhyn Llŷn sydd wedi ei nodi dan y cynllun Ardal o Harddwch Naturiol Eithriadol (AHNE) ac rydym yn ceisio cefnogi busnesau lleol eraill wrth brynu cynhwysion i mewn i'r becws. Mae'n gweithio ddwy ffordd mewn gwirionedd achos caiff pobl Aberdaron a'r cylch gynnig cynnyrch lleol ar garreg eu drws yn ddyddiol ac felly heb unrhyw gostau teithio.

Dydi hi ddim yn bosib i ni gael ein cynnyrch crai i gyd yn lleol wrth reswm. Daw ein cynhwysion sych gan gwmni Bako o Preston a Gwasanaeth Bwyd Harlech. Daw ein hwyau oddi wrth Wyau Llŷn o Bencaerau, Rhiw a hefyd gan G. H. Griffith, Plas Newydd, Llwyndyrys. Cotteswold Dairy o dan ambarél Ffatri Laeth Rhydygwystl sy'n cyflenwi ein llefrith a chaiff ei ddanfon i garreg y drws bob bore. Daw ein coffi oddi wrth gwmni Coffi Dwyfor, Nefyn a daw'n cig oer oddi wrth gwmni R. H. Evans Pwllheli. Mantais cael cyflenwyr yn lleol ydi fod rhywun yn medru codi'r ffôn yn syth os bydd y cyflenwad wedi mynd yn isel a gwyddom y byddwn yn derbyn mwy mewn dim.

Gwastraffu bwyd

Fel gyda milltiroedd bwyd, rydym yn ymwybodol o'r holl sôn sydd yna am fwydydd yn cael eu gwastraffu a'u taflu. Yma rydan ni'n ceisio ein gorau i beidio gwastraffu dim byd. I wneud hyn, gwyddom yn iawn bellach faint o fara ac yn y blaen rydym ei angen ar gyfer bob diwrnod. Os digwydd fod rhywbeth ar ôl ar ddiwedd y dydd, cawn glamp o swper y noson honno! Na, rydan ni'n lwcus iawn achos bydd y bara wedi'i werthu i gyd ar ddiwedd y dydd. Os bydd peth ar ôl, caiff y bara ei sleisio ac yna ei roi yn y rhewgell sydd yn y bync-hows ar gyfer brecwast i'r bobl fydd yn aros yno.

Cynnyrch gorau Becws Islyn

Mae bara'r becws yn gwerthu'n dda iawn ac ers i ni gael y fan, rydym yn gwerthu mwy fyth ac yn cyrraedd cwsmeriaid ymhellach nag Aberdaron. Byddwn yn pobi popeth yn ddyddiol yn ystod yr haf ond gwahanol bethau ar wahanol ddyddiau yn ystod y gaeaf gan nad oes cymaint o alw amdanynt, megis bara graneri ar ddydd Llun a Gwener a thorth gyraints ar ddydd Sadwrn. Llwyddiant arall ydi'r 'sosej rolls'. Ar un diwrnod yn ystod yr haf y llynedd, gwerthwyd saith gant a hanner ohonynt! Mae'r ecls yn gwerthu'n dda yn ogystal â'r hen ffefrynnau fel cacennau cri a brownis.

Y sosej rôls

Cacennau sy'n boblogaidd iawn yma hefyd ydi'r 'iced buns' neu 'iced loaves' fel bydd Angharad Cwrt yn eu galw! Maent wedi eu trochi gyda haenen dew o eisin a dywed pobl eu bod yn hynod o flasus. Byddwn yn gorchuddio tua ugain bynsen ar y tro ac yn gorchuddio mwy fel bo'r galw. Pedwar ugain ydi'r nifer uchaf yr ydym wedi eu gorchuddio ar un diwrnod yn ystod yr haf diwethaf. Yn ystod gwyliau'r haf, rydym wedi cael rhieni yn dod i mewn i ddweud mai dyma'r unig le ac adeg pan fydd eu plant yn cael prynu bynsen eisin i frecwast!

Rydym yn ceisio cynhyrchu amrywiaeth fel bod cwsmeriaid ddim yn gwybod cyn cyrraedd yma beth arall fydd ar gael bob dydd. Y cynnyrch diweddaraf rydym yn ei gynhyrchu ydi bara 'Rhwygo a Rhannu' – y 'Tear and Share' – wedi'i flasu hefo garlleg, olewydd a chaws. Bara crefft mae'n debyg ydi'r enw am fara sy'n defnyddio cynhwysion anarferol ac i'r perwyl hwnnw rydym yn gallu pobi peth bara hefo gwymon ac mae ein bara sy'n defnyddio Cwrw Llŷn yn boblogaidd.

Byddwn yn cymryd archebion ar gyfer cacennau at achlysuron arbennig megis penblwyddi a Nadolig. Gillian fydd yn gyfrifol am eu gwneud ond mae'n rhoi gwybod yn syth i gwsmeriaid na fydd y gacen wedi'i haddurno'n grand gyda phatrwm eisin astrus a chywrain. Stensiliau blodau fel arfer fydd ar gyfer cacennau pen-blwydd merched a sêr i ddynion ac unrhyw beth addas i blentyn. Y blas sy'n cyfri bennaf meddai Gill!

Ar Ddydd Santes Dwynwen – ar y pumed ar hugain o fis Ionawr – a Sant Ffolant wedyn ym mis Chwefror, byddwn yn crasu bisgedi brau efo calon eisin goch arnynt. Cacennau cri fydd hi ar Ddydd Gŵyl Dewi. Bydd cannoedd o fyns y Grog wedyn ar gyfer y Groglith ac wrth gwrs, ar gyfer y Nadolig byddwn yn cynhyrchu cannoedd o fins peis yn cynnwys rhai plaen a rhai hefo menyn hufen blas brandi arnynt a'r gacen draddodiadol Almaenaidd 'stollen,' sy'n cynnwys toes ffrwythau ac almwn ymysg cynhwysion eraill. Byddwn

Mae blas mwy ar yr ecls 'ma!

yn mynd ati i ferwi pwdinau Nadolig clwt bob blwyddyn. Dechreuodd hyn pan gawsom archebion am tua pymtheg un Nadolig ond erbyn hyn byddwn yn berwi ryw chwedeg ohonynt a bydd fy mysedd i'n goch ar ôl yr holl glymu clytiau.

Wrth ei waith o ddydd i ddydd, mae rhywun yn dod i arfer â'r pobi a'r paratoi ac erbyn hyn mae gennym ryw driciau bach i arbed amser ond wnâ'i ddim ymhelaethu am bob un chwaith – does dim angen rhannu ein cyfrinachau i gyd yn nac oes! Mae sawl un yn methu deall sut dw i'n llwyddo i gael yr wyau wedi ffrio amser brecwast mor berffaith grwn. Wel, hawdd – rhowch yr olew ffrio mewn tun gwneud cacennau bach a ffriwch yr wyau yn y rheini. Gweithio'n berffaith bob tro! Mae gen i syniad da ar lenwi a siapio ecls hefyd, ond mi gewch chi ddyfalu.

Un o'r pethau roddodd y cur pen mwyaf i mi ei bobi ar y cychwyn oedd Torth Gynhaeaf ar gyfer gwasanaeth

Torth y Cynhaeaf

Diolchgarwch yn Eglwys Sant Hywyn, Aberdaron. Siŵr eich bod wedi gweld Paul Hollywood yn dangos sut i wneud plethen does ar y rhaglen 'Great British Bake Off' ac er ei fod yn edrych yn rhwydd, coeliwch chi fi, dydi o ddim! Bu raid i mi wneud sawl arbrawf cyn llwyddo i'w gael yn iawn a doedd hi ddim yn hawdd o bell ffordd i siapio llygod bach ychwaith. Erbyn hyn dw i'n fwy o giamstar arni ac yn gwneud Torth Gynhaeaf i'r eglwys yn flynyddol.

Pobi ar Ddydd Sadwrn

Bydd Gill a fi'n cael pleser mawr o bobi ar gyfer dydd Sadwrn. Mae'r diwrnod yn sicr yn un arbennig iawn yn y gaeaf achos mae'n parhau'n ddiwrnod prysur i ni ond dyma pryd cawn fwy o gyfle i weld ein cwsmeriaid lleol am sgwrs. Bydd cwsmeriaid o bob oed yn galw fewn. Mae llawer wrth gwrs yn gweithio yn ystod yr wythnos ac yn galw i mewn i gael ryw ddantaith bach ar ddydd Sadwrn. Braf ydi gweld y cownter yn llawn o gynnyrch ffres yn y bore ac yn ei weld yn gwagio fel yr aiff y diwrnod rhagddo. Yr hyn sy'n gwerthu orau ar ddydd Sadwrn ydi torth gyraints, 'teacakes', cacennau hufen fel 'eclairs', cacen gwstard a sgons lemwn.

Deiet arbennig

Dydi pawb yn anffodus ddim yn gallu bwyta popeth oherwydd fod ganddynt alergedd i rai bwydydd neilltuol. Un o'r rhain ydi alergedd glwten sy'n gallu achosi afiechyd Coeliac. Math o brotein ydi glwten sydd mewn gwenith, rhyg a haidd sef yr union gynhwysion a ddefnyddir mewn becws ac felly dydi dioddefwyr Coeliac ddim yn gallu treulio blawd arferol yn iawn. Rydym wedi cael cwsmeriaid yma yn gofyn am fara a chacennau di-glwten ond yn anffodus nid oes lle yn y becws wedi ei neilltuo ar gyfer pobi heb glwten. Yn ystod y broses dylino, mae blawd yn codi yn yr aer ac mi fuasai'n anodd iawn dweud fod ein cynnyrch yn ddi-glwten oni bai fod gennym ystafell ar wahân i'w paratoi. Rhaid bod yn hynod ofalus wrth baratoi ar gyfer deiet arbennig rhag croes heintio ac felly dydan ni ddim yn paratoi bwydydd felly. Yr un modd gydag alergedd at gnau. Gan ein bod yn defnyddio cnau mewn sawl un o'n cynnyrch, does yma ddim ar gyfer pobl a phlant sy'n dioddef o'r alergedd hwnnw ychwaith.

Mynd i'r fan a'r fan . . .

Rydym bellach wedi gallu prynu fan ar gyfer dibenion y becws ac mae hynny wedi ein galluogi i gychwyn danfon bara o amgylch yr ardal. Ar hyn o bryd, dim ond ar ddydd Llun y byddwn ni'n danfon bara, a hynny i Dudweiliog, Llwyndyrys, Chwilog, Pwllheli, Efailnewydd, Rhydyclafdy a Mynytho. Hwyrach, ymhen amser, y medrwn ddechrau danfon ar ddyddiau eraill o'r wythnos ac ymestyn y dalgylch ymhellach, ond does yma ddim digon o staff i gyfiawnhau hyn yn ariannol nac o ran amser ar y funud.

Wrth gwrs, mae busnesau yn y pentref ei hun yn prynu bara oddi wrthym yn rheolaidd, megis Gwesty Tŷ Newydd,

Y fan newydd

Caffi'r Gegin Fawr a Chaffi Porthor a bydd Ystafell De Plas yn Rhiw yn archebu ein cacennau yn ogystal, gan gynnwys y gacen ffenest (Battenberg). Mae rheswm arbennig pam eu bod yn cynnig y gacen ffenest yn yr Ystafell De oherwydd dyma'r gacen fyddai gan y chwiorydd Keating bob tro y byddai rhywun yn galw i'w gweld ym Mhlas yn Rhiw.

Byddwn hefyd yn danfon bara i barlwr hufen iâ a chaffi Glasu ym Mhwllheli. Aiff ein bara a rhai o'n cacennau cyn belled â chaffi Murrays a'r Belle Vue yn y Bermo. Hywel Jones, Mynytho sy'n mynd â'n cynnyrch yno ar ein rhan gan ei fod yn danfon nwyddau cwmni R. H. Evans, Pwllheli iddynt hefyd. Dyma enghraifft o ddau fusnes yn gallu cydweithio.

Oherwydd fod Aberdaron yn dynfa i ymwelwyr, mae yma amryw o safleoedd gwersylla a charafanau megis Dwyros, Tŷ Newydd, Mynydd Mawr, Mur Melyn, Morfa Mawr i enwi ond ychydig, yn ogystal â sawl llety hunan-ddarpar a rhai'n cynnig Gwely a Brecwast. Bydd y bobl sy'n aros yn y rhain yn gallu manteisio ar yr hyn a werthwn a bydd hyn yn golygu eu bod yn gallu aros o fewn pentref Aberdaron i brynu ein cynnyrch yn hytrach na theithio i Bwllheli, dyweder, ac felly maent yn cyfrannu i'r economi yn lleol go iawn. Yn wir, mae'n fantais i ni fod Becws Islyn wedi ei leoli ym mhen eithaf Llŷn oherwydd mae'r gystadleuaeth agosaf atom gryn un filltir ar bymtheg oddi wrthym.

Brexit

Bu'r bleidlais y llynedd i adael y Gymuned Ewropeaidd yn un roddodd ysgytwad fawr i Brydain a bellach mae'n rhaid talu am yr hyn ddigwyddodd ac mae'n debygol y bydd 2017 yn flwyddyn ddigon caled i ni. Cododd prisiau amryw o bethau rydym yn gorfod eu prynu i mewn megis dail te a ffa coffi, yn syth bron, ac yn wir maent yn parhau i godi. O ganlyniad, rhaid i ni adlewyrchu hynny yn ein prisiau yn ogystal. Fedrwn ni ddim osgoi hyn achos does yr un busnes yn mynd i barhau drwy redeg ar golled. Ein gobaith ni yw fod ein cwsmeriaid yn deall hyn a hyd yma nid yw'n ffigyrau gwerthiant wedi gostwng, diolch am hynny.

Cyflog byw

Ffactor arall sy'n effeithio ar fusnes hefyd yw'r gyllideb. Yng nghyllideb yr hydref, dywedodd Canghellor y Trysorlys presennol, Phillip Hammond, fod y cyflog sylfaenol i rai dros bump ar hugain i godi 4% o Ebrill 2017 er mwyn cyrraedd targed y llywodraeth Dorïaidd o naw punt yr awr erbyn y flwyddyn 2020. O fis Ebrill 2017, bydd y cyflog byw sylfaenol yn codi o £7.20 yr awr i £7.50. I fusnes bach, mae

Syniad Da

hyn yn golygu fod rhaid chwilio am yr arian rywle o fewn ein cwmni a'r cwsmer yn y pen draw fydd yn ysgwyddo hyn hefyd. Er mwyn ceisio cadw'n costau yn isel, mae'n hanfodol ein bod yn sicrhau nad ydym yn gwario'n ofer ar ddim byd. Enghraifft o hyn yw'r ffaith nad oes gan ein staff wisg arbennig fel y cyfryw. Yr hyn sydd gennym ar gyfer ein staff yw ffedog goch yn unig heb logo arni.

Effeithiau tu hwnt i'n rheolaeth

Trydan sy'n gweithio popeth yma yn y becws fel y gallech ddisgwyl a phe bai toriad yn y cyflenwad, byddai'n o ddrwg arnom achos ni fyddem yn gallu cynhyrchu dim! Diolch i'r drefn, dydi o ddim wedi digwydd, a gobeithio wir na fyddwn yn gorfod wynebu hynny. Mae gennym yswiriant i gyfri cost colled ariannol pe bai hynny'n digwydd ac er ei fod braidd yn ddrud, mae'n hanfodol bwysig. Yr un modd gyda thoriad yn y cyflenwad dŵr.

Efallai i chi glywed yn ôl ar Chwefror 2il, 2015 i lori anferthol fynd yn gaeth ar hen bont y pentref a'i niweidio fel ei bod wedi gorfod cau am bythefnos tra bu'n cael ei thrwsio. Golygodd hyn fod y busnesau oedd agosaf at y traeth yn wynebu colli cwsmeriaid ac yn wir roedd rhaid wynebu taith ychwanegol o ddwy filltir a hanner gyda char drwy bentref y Rhiw os oeddech am fynd i westai Tŷ Newydd, y Ship, y Gegin Fawr a busnesau bach eraill a hyd yn oed yr eglwys! Lwcus oedden ni nad effeithiodd hyn ar y becws. Mewn pentrefi bach diarffordd, gall unrhyw ddigwyddiad tu hwnt i'n gallu effeithio arnom i gyd am gyfnod ond diolch i'r drefn, dydyn nhw ddim yn digwydd yn aml.

Amser i ymlacio

Rydw i'n credu ei bod yn hanfodol bwysig i gael cyfle i ymlacio ac anghofio am y gwaith am ychydig. Mae Gill a fi'n codi'n fuan yn y bore er mwyn pobi bara ac yn y blaen yn ffres ar gyfer y diwrnod ac felly mae cael rhyw seibiant bach bob hyn a hyn yn llesol i gorff ac enaid. Rydan ni'n dau wrth ein boddau yn cerdded llwybr yr arfordir yma yn Llŷn ac efallai rhyw ddiwrnod daw cyfle i ni fedru cerdded yr holl ffordd ar ei hyd i lawr am bellafoedd de Cymru. Fe fydda i hefyd yn mynd i gael gêm o snwcer hefo hen ffrindiau yn ystod

Geraint yn dringo El Castillo, Chichén Itzá, Mecsico, 8/11/95

misoedd y gaeaf yng Nghanolfan Adloniant Deunant, Aberdaron. Weithiau bydd cyfle i gael gêm oddi cartref yn Abersoch, Llaniestyn, Chwilog, Tudweiliog, Pwllheli a Nefyn. Byddaf yn achlysurol yn mynd i Glwb Golff Nefyn am gêm o golff. Mae cael cerdded y cwrs uwchben bae Porth Dinllaen a'r arfordir godidog yn brofiad braf iawn a fydda i byth yn blino ar yr olygfa.

Yn achlysurol daw cyfle i deithio dramor. Aethom i Gyprus ar ein mis mêl a phrofodd cychwyn y gwyliau hwnnw yn dipyn o lanast. Roeddwn i a June o Gwmni Teithio Pwllheli wedi camddeall ein gilydd rywfodd ac fe wnaethon ni hedfan yno hefo trwydded teithio blwyddyn yn hytrach nag un deng mlynedd. Roedd Gill a finnau'n swp sâl ar yr awyren achos gallasai'r awdurdodau ym maes awyr Cyprus fod wedi ein troi'n ôl yn syth oddi yno a'n rhoi ar yr awyren gyntaf am adref. Diolch byth, ni ddigwyddodd

*Geraint, tad Gillian a Gwion
yn Stadiwm tîm Arsenal*

hynny a chawsom wythnos ardderchog yn yr haul. Buom ar wyliau yn yr Eidal y flwyddyn ganlynol. Cyn i'r plant gael eu geni hefyd, aethom cyn belled â gwlad Mecsico yng nghwmni Idris a Valerie, ffrindiau i ni o Dudweiliog. Cawsom amser ardderchog yno a gweld rhyfeddodau megis y deml anhygoel i'r haul, Chichén Itzá a adeiladwyd gan lwyth y Maya yn y seithfed ganrif. Un atgof hyfryd o'n teithiau yw pan aethom i Lapland am y diwrnod efo Gwion a Fflur a Nain Bay View i weld Siôn Corn. Sôn am ddiwrnod grêt er yn llawn prysurdeb! Cawsom daith ar sled yn cael ei thynnu gan hysgwn ac un arall hefo ceirw. Aethom ar ymweliad â ffatri corachod i weld anrhegion Nadolig yn cael eu gwneud ganddyn nhw. Y brif achlysur wrth gwrs, oedd cael gweld Siôn Corn ei hun. Cerddasom ar hyd llwybyr troellog efo canhwyllau a thanllwyth o danau bob hyn a hyn yn arwain y ffordd at ei dŷ. Agorwyd y drws a dyna lle'r oedd o yn eistedd yn y gornel efo tanllwyth o dân ac anrhegion ym mhob man. Rhoddodd Gwion a Fflur eu llythyrau iddo fo'n bersonol a Gwion druan yn dweud wedyn fod Siôn Corn yn glyfar iawn achos Saesneg oedd o'n siarad hefo ni ond roedd yn gallu darllen Cymraeg! Diniwed yn de! Y gwir oedd fod Gill wedi rhoi marciwr aroleuo llachar iawn dros y geiriau 'scwter' a 'dol'. Wrth lwc, fe weithiodd y tric!

Rydym wedi bod hefo'r plant yn Euro Disney, Menorca a Phortiwgal yn ogystal. Yr ydym hefyd wedi mentro mynd ar wyliau sgio i Ffrainc hefo'r plant a Terry, Shân a'u plant Tomos a Non, Murmur y Môr. Erbyn diwedd yr wythnos roedd pawb yn gallu sgio er fod rhai ohonom yn well na'i gilydd.

Pan oedd Nain Bay View a Tomi Gors yn dathlu eu penblwyddi yn drigain oed, aethom i gyd, yn cynnwys y plant, i ardal y Rockies yng Nghanada. Cychwynasom yn Vancouver a dreifio i Calgary. Profodd yn wyliau gwych er fod Gwion a Fflur wedi cael digon ar weld llynnoedd a mynyddoedd erbyn y diwedd.

Yn ddiweddar, dewis mynd ar wyliau i ddiogi yn yr haul mae'r ddau ohonom er mwyn cael seibiant, ac rydym wedi bod yn Cape Verde, Twrci, Yr Aifft a Chiwba. Mae'r ddau ohonom hefyd yn ddigon hapus yn cael ryw benwsos bach yma ac acw yn y wlad yma ac wrth gwrs, yn manteisio ar gerdded llwybyr yr arfordir yma ar garreg ein drws.

Yr Ymweliad Tywysogaidd – erthygl Gillian ymddangosodd yn *Llanw Llŷn*

Roedd bore Mawrth, Gorffennaf 5ed, 2016 yn union fel arfer yn y becws gyda'r pobi bara a chrasu cêcs. Ond doedd o ddim yn fore arferol chwaith achos pwy oedd yn ymweld â phentref Aberdaron ond y Tywysog Charles a'i wraig, Duges Cernyw.

Roedd hyn wedi ei drefnu ers rhai misoedd. Galwodd un o swyddogion y Palas heibio bob hyn a hyn am banad heb yn wybod i ni ac wedyn un prynhawn daeth Gareth Roberts, ffarm Cwrt, Aberdaron heibio yn rhinwedd ei swydd fel cynghorydd sir yng nghwmni dwn i ddim faint o ddynion pwysig yr olwg mewn siwtia, a dechra cerdded am y cefn. Dyma'r hen Ger yn dweud na chaen nhw fynd i'r fan honno a dyma nhwtha'n dweud eu bod o'r Palas ac na fedren nhw ddweud rhagor! Ac felly y bu hi am gyfnod. Cawsom wybod mewn tua mis pwy yn union oedd yn dod ar ymweliad ond roedd yn rhaid cadw'r peth yn gyfrinach. Tipyn o broblem coeliwch chi fi i berson mor siaradus â Geraint! Petai'r newydd wedi dod yn gyhoeddus , mi fuasai'r cwbwl yn cael ei ganslo.

Ond mi aeth popeth yn iawn a chyrhaeddodd y diwrnod mawr. Dyma ddechrau ar y darparu. Roedd Ger a Nigel wedi gorffen eu cynnyrch nhw yn fuan fel yr arfer, ond dim cweit felly i mi mae arna i ofn! Dow-dow dw i a does dim posib fy styrio. Cael sbec allan drwy'r ffenest a gweld bwrlwm yn dechrau cyniwair drwy'r pentref. Plismyn dirifedi a'u cŵn yn ffroeni pob twll a chornel. Gorffen y cêcs a'r ddwy gacen pen-blwydd ar archeb ac wedyn rhoi cychwyn ar y Te Prynhawn a Ceinwen wrthi'n hollti'r sgons. Cip bach arall drwy'r ffenest a gweld fod nifer y bobl wedi cynyddu'n arw. Dim ond yr adeg honno y gwnes i sylweddoli beth yn union oedd heddiw yn ei olygu i ni dw i'n meddwl. Fel y digwyddodd, aeth pob dim yn iawn ac fel y trefnwyd. Roedd y genod efo Fflur yn y Tŷ Coffi yn gosod y byrddau ac Ifan a Gwion yn gwarchod drws y siop.

Yna'r cynnwrf mawr! Roedden nhw wedi cyrraedd! I'r eglwys roedden nhw'n mynd yn gyntaf lle bu i ddisgyblion Ysgol Crud y Werin ganu 'Ar lan y môr' iddyn nhw, yna i siop sglodion 'Sblash' ac yn olaf atom ni i gael paned. Erbyn hyn roedd pob dim wedi'i wneud ac roedd pobl yn dechrau cyrraedd y becws. Dyna lle'r oedd Ifan a Gwion fel dau fownsar yn gwneud yn siŵr mai dim ond pobl oedd ar y rhestr oedd yn cael dod i mewn. Rhuthrais innau am y tŷ bach yn fy ffedog a 'nghap glas i newid yn sydyn. Neidiais i ffrog arall a sodla am fy nhraed, rom bach o golur a mascara a lipstic a bysadd trwy fy ngwallt a ras am y drws ffrynt i gyfarch y byddigions.

Wel, dyma i chi gwpwl hollol naturiol. Sgwrsient yn braf a chyfeillgar efo ni'n dau ac wedyn efo'r staff i gyd. Aethant i

fyny wedyn i'r Tŷ Coffi am banad a chacen. Eto, roedd y
ddau yn barod iawn eu sgwrs hefo pawb oedd yno ond dw
i'n siŵr mai Ger gafodd y sgwrs hiraf. Dangosodd y tywysog
ddiddordeb mawr yn ein busnes a hefyd yn ein menter
newydd, sef adnewyddu'r hen felin i fod yn felin malu blawd
unwaith yn rhagor.

Yn anffodus, daeth yn bryd iddynt symud ymlaen i'w
hymweliad nesaf. Erbyn hyn, roedd criw mawr o bobl wedi
ymgynnull y tu allan i'r becws ac roedd hi'n olygfa werth ei
gweld. Lwcus iawn oeddan ni fod y tywydd cystal gan ei fod
yn gwneud i'r pentref edrych ar ei orau.

Dw i'n siŵr y ca' i ddweud fod pawb yn y pentref y
diwrnod hwnnw wedi cael diwrnod gwerth chweil a
bythgofiadwy.

Y dyfodol

Tu ôl i'r dorth mae'r blawd,
Tu ôl i'r blawd mae'r felin,
Tu ôl i'r felin draw ar y bryn
Mae cae o wenith melyn.

Yn yr ysgol a'r Ysgol Sul ers talwm, fe gawson ni ddysgu'r
pennill uchod ar gyfer Gŵyl Diolchgarwch ac mae Gillian a
finnau yn bwriadu gwireddu hyn yma yn Aberdaron ac wedi
prynu'r hen felin. Fel y gwyddoch, union gyferbyn â Becws
Islyn, mae hen felin Aberdaron uwchben afon Daron. Ar
hyn o bryd mae hi mewn cyflwr pur ddrwg a bron yn adfail
ac eiddew yn tyfu'n drwch drosti. Nododd Keith A. Jaggers
sydd â gwefan hanesyddol (jaggers-heritage.com) fod olwyn
ddŵr bren bymtheg troedfedd yno yn ôl yn 1978 a'i bod
wrth droi yn cael dŵr o danc uwchben. Ychwanega hefyd
fod y rhan fwyaf o fecanwaith y felin yn dal yno ac yn weddol

gyfan ond bod pwll y felin wedi hen dagu gan dyfiant. Yn anffodus mae dirywiad pellach wedi bod ers hynny ac felly beryg fod gwaith mawr iawn o'n blaenau.

Melinau Aberdaron

Ers talwm roedd melinau'n frith ar hyd a lled Chymru a does dim eisiau edrych ymhell yma'n Llŷn ychwaith i weld olion ohonynt. Ystyriwch faint o dai sy'n cario'r enw Felin i gychwyn ac fe welwch yn siŵr i chi fod yna un rhywle yn agos hyd yn oed os nad yw'n ddim ond tomen o gerrig heddiw. Gwelir olion hen felin ym Mhlas Bodwrdda ac mae tystiolaeth hanesyddol ei bod yn parhau i weithio hyd yr 1850au. Mae cyfeiriad ati mewn dogfen arall yn awgrymu ei bod yn bodoli yn 1350. Fedra' i ddim dweud os mai melin flawd oedd hi achos roedd melinau gwlân mewn bodolaeth hefyd. Yn wir, un cyfnod roedd Afon Daron a'i nentydd i'r gogledd-ddwyrain o Aberdaron yn meddu ar ddim llai na chwech os nad saith o felinau pannu gwlân.

Tair melin oedd yn Aberdaron ar un cyfnod, mae'n debyg, er na wn eu hunion leoliad. Cyfeiriodd yr hanesydd Hyde Hall at bentref Aberdaron yn y bedwaredd ganrif ar bymtheg fel 'clwstwr o fythynnod to gwellt yng ngwaelod y bae'. Noda hefyd fod ychydig o fwydydd a glo'n cael eu mewnforio, ond nad oedd dim yn cael ei allforio. Sylwodd fod pysgota am fecryll yn eu tymor yn broffidiol iawn i'r pysgotwyr lleol a bod cryn botensial i'r tair melin ŷd a'r ddau bandy ar afon Daron.

Mewn dogfen yn Archifdy Gwynedd, Caernarfon – The Survey Council for Rural Wales – Lleyn Survey – Rural Industries report (25 Mehefin, 1948) – nodir fod diffyg diddordeb a mentergarwch ymhlith melinwyr bellach a'u bod yn bodloni ar falu ŷd yn achlysurol. Doedd ryfedd felly

Geraint a'r hen felin tu cefn iddo

i'r diwydiant golli tir, yn enwedig gyda datblygiad peiriannau modern. Nodir yn yr adroddiad hefyd fod y ceirch a'r barlys a dyfid yn Llŷn ac Enlli ar un adeg o ansawdd da a bod y ceirch yn arbennig o addas i gynhyrchu bara ceirch.

Geirfa'r melinydd

Wrth wneud tipyn o waith ymchwil ar falu ŷd yn y dyddiau fu, cefais dipyn o flas ar erthygl gan Gwilym Jones yn ei lyfr *Wedi'r Llanw*, ac mae ganddo restr ddiddorol o eirfa melinydd y byddai'n arfer clywed ei fam yn eu galw. Dw i wedi cymryd yr hyfrdra o'u nodi yma gan obeithio hwyrach y medrwn ni eu defnyddio yn y felin fel nad ydynt yn diflannu o'n hiaith:

hopren: lle rhoir yr ŷd i ddechrau
clocsan: yn crogi o dan yr hopren
y werthyd: yr echel a oedd yn gyrru'r meini
gwahoddwr: rholer bren yn troi ar ben y werthyd ac yn
gwahodd yr ŷd o'r hopren
gerwin: bocs wyth ongl a oedd yn amgylchynu'r maen
maen uchaf: y maen oedd yn troi
peustal: croes haearn gyda thwll ynddi a oedd yn cael ei
gyrru gan y werthyd (hwn oedd yn cyplysu'r maen
uchaf)
cyrn: coesau'r peustal
llygad: y twll yn y meini i adael y werthyd drwodd
rhesi: torrid rhesi yn y meini i ddal y grawn neu buasai'n
llifo allan cyn ei falu
byrddau: y rhan gwastad rhwng y rhesi
nytan: darn o haearn chwe ongl a gai ei osod yn llygad y
maen isaf (ei ddiben oedd bod yn draul i'r werthyd)
mwnwgl: plât haearn a osodid ar ben y nytan i'w angori
cobennydd: dau bren a ddefnyddid i leoli'r maen isaf ac
i fod yn wely i'r maen
piniwr: olwyn haearn gyda dannedd a wneid o bren
afalau, a hynny am fod y pren yn rhoi dan bwysau yn
hytrach na thorri. Roedd y piniwr wedi ei leoli ar waelod
y werthyd a châi ei yrru gan olwyn fawr ddanheddog a
oedd ar echel yr olwyn ddŵr
trael isaf: darn sgwâr o bres a oedd wedi ei leoli yn un o
drawstiau'r felin. Yn hwn y rhedai'r werthyd a byddai'r
holl bwysau'n dibynnu arno. Llenwid ef â saim gŵydd fel
iriad.

Diddorol yn de. Gobeithio y medrwn ni wneud defnydd o'r
termau hyn yn yr hen felin ymhen amser.

Hen felin y pentref

Diddorol ydi darllen y gerdd ganlynol o waith M. E. Williams am y felin. Fe'i cynhwysir yma drwy garedigrwydd a chydweithrediad gwefan rhiw.com:

Melin Aberdaron
Melin hen sy'n Aberdaron.
Melin godwyd ger yr afon.
Melin a fu gynt yn malu,
Melin brysur 'r adeg hynny.

Melin segur ydiw rŵan.
Melin heb 'run drws yn gwichian.
Melin heb yr un melinydd.
Melin gadarn ymhob tywydd.

Eto ar wefan rhiw.com mae detholiad o ddyddiadur William Jones, Moelfre, Aberdaron. Mae ganddo gyfeiriad at y felin ym mis Ionawr 1901 lle nodir:

'Cael Blawd ceirch o'r Felin Aberdaron.'

Y felin hon mae'n debyg roedd William Jones yn cyfeirio ati heb ei henwi gan ei bod mor agos i'w gartref fel y noda yn 1884:

'... gwlaw ... bûm yn Aberdaron yn ôl gwin. Cael blawd o'r Felin. Troi tomen y ceffylau.'

Noda gŵr o'r enw Tom Jones ar y wefan ym mis Ebrill 2011 fel a ganlyn:

'Cofiaf Mam yn dweud y byddai ei nain yn ei hanfon i'r felin i nôl blawd. Byddai'r melinydd yn codi rhyw

91

ychydig bach o enau pob sach iddi. Weithiau byddai ei nain eisiau blawd ceirch hefyd ac fe fyddai yn gwybod yn iawn pan ddeuai Mam adref pa dymer oedd ar yr hen felinydd. Bag mawr, hwylia da; bagiad bach, tymer ddrwg. Felly byddai ei nain yn dwedyd am fag bach, 'Tempar ar rhen ddiawl heddiw!'

Mae aelodau o deulu'r melinydd olaf yn dal i fyw yn Aberdaron. Hen hen daid i Caryl Jones, Cyndyn gynt oedd o, sef taid ei thad John ar ochr ei nain. Huw Jones, neu Huw Felin fel y gelwid o oedd ei enw. Un sydd ag atgof plentyn ohono yw Alwyn Hughes, Morannedd. Mae'n cofio mynd lawr i'r pentref amser cinio ac at y felin. Byddai'r melinydd yn wyn drosto gan flawd, yn cynnwys yn ei locsyn. Roedd Huw hefyd wrth ei fodd yn cerfio melinau pren ar gyfer plant y pentref ac roedd Alwyn Hughes yn un o'r bechgyn dderbyniodd un ganddo.

Yn siŵr i chi felly, fe fu'r felin a'i melinydd yn brysur iawn ar un adeg ac yn y dyddiau a fu roedd yn fangre holl bwysig i falu'r ŷd i wneud blawd at ddibenion y ffarmwr a gwraig y tŷ. Bara a dŵr ydi angenrheidiau sylfaenol dyn meddan nhw ac felly roedd galw am y blawd i wneud bara i'r teulu. Ond daeth tro ar fyd wrth gwrs, ac erbyn heddiw ychydig iawn sy'n gwneud eu bara gartref. Dyna pam fod cael becws fel ein becws ni mor bwysig i gymuned heddiw os ydych am gael bara ffres go iawn bob dydd ac nid y bara masgynhyrchiol ddaw o boptai'r cwmnïau mawr.

Mae'r ddau ohonom bellach wedi llwyddo i brynu'r hen felin a'n breuddwyd yw ei hadfer i'w gogoniant gwreiddiol. Rydym yn meddwl mynd ati i dyfu'r ŷd ein hunain ym Mryn Gwynt yn ogystal ac yna pobi bara hefo'n blawd ein hunain. Wnaiff hyn ddim digwydd dros nos wrth gwrs, ac mae'n mynd i fod yn dipyn o sialens i ni. Gobeithiwn gael ystafell arddangos yno a lle priodol i gynnal cyrsiau gwneud bara ac yn y blaen ond mae'r cwbl yn ddibynnol ar gael digon o grantiau. Gan fod Tywysog Cymru wedi ffurfio 'Cronfa Cefn Gwlad y Tywysog' yn 2010 sy'n rhoi grantiau i ddatblygiadau yng nghefn gwlad ac yntau wedi bod ar ymweliad yma, gobeithio y bydd yn cofio amdanom pan awn ar ei ofyn yn de.

Oes, mae gwaith mawr yn wynebu Gillian a fi gyda datblygiad yr hen felin ond os medrwn ni wireddu'n breuddwyd gyda hi, byddwn yn parhau, gobeithio, â'r un dycnwch â'n cyn-deidiau fu wrthi mor ddyfal ar un adeg.

Ymgais flaenorol i brynu'r hen felin

Bu ymgais gan rai o bobl Aberdaron yn 1997 i brynu'r hen felin oedd yr adeg honno mewn dwylo preifat. Yn wir aethpwyd cyn belled â sefydlu Pwyllgor Adfywio Bro Aberdaron a mynd ati i holi trigolion yr ardal i weld beth oedd eu hanghenion. Roedd adfer y felin yn un o'r prif argymhellion oherwydd nad oedd yn ei chyflwr presennol yn atyniadol o gwbl fel adfail ar gyrion y pentref.

Gyda chydweithrediad y perchennog aed ati i gael cynllun a gynhwysai adfer yr hen felin ac adeiladu ystafell bwrpasol i arddangos hanes a diwylliant y fro, ynghyd â swyddfeydd ar gyfer llogi teithiau, canolfan wybodaeth ymwelwyr, siopau bychan a bwyty. Sefydlwyd Cwmni Adfywio Melin Aberdaron fel cwmni cydweithredol cymunedol ym Mehefin 2003. Gobeithid y byddai cyfle i greu swyddi llawn amser a thymhorol i bobl leol, creu cyrchfan ar gyfer ysgolion, mudiadau, ymwelwyr a grwpiau o bob math. Sicrhawyd cefnogaeth ariannol i'r cynllun gan Gyngor Gwynedd, Cronfa'r Loteri a CADW a buddsoddwyd bron i £20,000 o arian cyhoeddus i sicrhau llwyddiant y fenter. Cafwyd sicrwydd o gyllid pellach o

£34,000 i gyflogi pensaer i baratoi cynllun manwl ac edrychai pawb ymlaen i gael dechrau ar yr ailadeiladu yn ystod 2005. Ond yna'n annisgwyl, fe hysbyswyd y pwyllgor nad oedd y gwerthwr am werthu'r felin, er dirfawr siom i bawb. Gobaith Gillian a fi rŵan ydi y medrwn ni lwyddo i'w hadfer er parch i'r gorffennol ac yn destun balchder i'r dyfodol. I'r perwyl hwn rydym wrthi'n ail-gynllunio ffurf yr adeilad ac yn chwilio am grantiau i wireddu'n dymuniad.

Tyfu ŷd ein hunain

Mae un rheswm economaidd da dros geisio tyfu ein hŷd ein hunain ar gyfer ei falu yn y felin. Ers tro bellach, mae prisiau grawn wedi bod yn disgyn a phobl sy'n ymwneud â'r pethau 'ma yn dechrau poeni am brisiau prif gynnyrch bwyd megis

Peth o'n bara ar y silffoedd

bara. Os nad yw pris ŷd yn talu i'w gynhyrchu mae'n mynd i
fod yn brin. Ond os byddwn ni'n llwyddo gyda'n hŷd ein
hunain, fydd dim angen prynu dim i mewn a byddwn yn dal
i allu cynhyrchu bara.

Wnaiff tyfu unrhyw ŷd ar gyfer ei falu'n flawd bara mo'r
tro ychwaith. Dyma lle bydd angen i ni wneud tipyn o waith
ymchwil i gael y grawn cywir. Mae math o ŷd Prydeinig fel
'Solstice' yn dda i gynhyrchu toes a bisgedi a gellir cael
blawd cryf, sy'n uchel mewn glwten, ar gyfer pobi bara o fath
o ŷd ddaw o Ganada ac mae'n gwbwl bosib ei dyfu yma.
Hawdd wedyn i ni fyddai ychwanegu cynhwysion at y blawd
i gynhyrchu mathau gwahanol o fara, er enghraifft hadau
blodau haul, sesame, perlysiau ac yn y blaen. Rhagwelwn na
fyddwn yn malu ein blawd ein hunain yn y felin am beth
amser eto, ond mae'n rhoi cyfle i ni arbrofi. Ein gobaith
ymhen deng mlynedd beth bynnag yw y bydd busnes y
becws a'r felin yn cydredeg yn esmwyth ac effeithiol ac yn
atyniad ac adnodd gwerthfawr i bentref Aberdaron a Llŷn.

Ennill Tlws *Llanw Llŷn*

Ers tro bellach, mae'n papur bro ni yma, *Llanw Llŷn*, yn
cyflwyno tlws arbennig, sef Tlws Einion, er cof am un fu'n
weithgar iawn gyda'r papur, sef Einion Jones, Saethon,
Mynytho. Cyflwynir y tlws am yr erthygl orau a gyhoeddir
yn y *Llanw* yn ystod blwyddyn, a rhwng mis Medi 2014 a
Gorffennaf 2015, Gillian dderbyniodd y tlws, sef llun o'r
becws o waith Darren Evans o Rydyclafdy. Cyflwynwyd y
llun iddi gan y beirniad, Robin Evans, sy'n wreiddiol o
Bencaenewydd ac sydd bellach yn gyfarwyddwr cwmni
teledu Rondo. Mae Gillian yn mwynhau rhoi pin ar bapur
bob hyn a hyn, yn wahanol iawn i mi. Dyma i chi beth
ysgrifennodd hi.

Erthygl Gillian

Tasech chi wedi dweud wrtha i bum mlynedd yn ôl mai
Geraint a fi fyddai perchnogion Becws Islyn, Aberdaron
erbyn hyn – ac yn fwy byth, mai Geraint fyddai'n pobi'r bara
– mi faswn wedi dweud,
  'Paid â bod yn wirion!'
Ond felly mae hi.
  Yn ôl ym mis Hydref 2012 cafodd arwydd 'Ar Werth' ei
roi ar y becws. Mi aethom am sgwrs efo Alun, y perchennog
bryd hynny, rhoi cynnig i mewn – a chafodd ei dderbyn yr
un diwrnod. Dw i'n cofio'n iawn yr eiliad pan wnaeth Ger a
fi ddychryn a gofyn yr un pryd, "Pwy sy'n mynd i neud y
bara?" wrth i ni sylweddoli beth roedden ni wedi'i neud! Ger
gafodd y 'short straw' chwadal y Sais (angen codi yn fore,
fore) ond erbyn hyn mae o wrth ei fodd efo'r pobi.
Dechreuodd drwy bobi bara gwyn a brown. Yna ehangu i
granari a thorth gyraints. Erbyn heddiw mae o wedi bod yn
pobi bara cwrw, bara soda, bara rhyg – a'r mwyaf diweddar,
ar ôl tipyn o berswâd gan fy chwaer, Ceinwen, torth wymon
– a blasus iawn oedd hi hefyd.
  Tra oeddem yn pobi yn y becws bach, buom yn ddigon
ffodus o gael y rhaglen 'Ffermio' draw i'n ffilmio, a'r haf
wedyn ymunodd y cogydd Bryn Williams efo ni ar gyfer ei
raglen 'Cegin Bryn'. Nerfus iawn oedden ni'n dau ond roedd
yn gynnig rhy dda i'w wrthod: hysbys am ddim on'd doedd?
  Flwyddyn union yn ôl fe ddechreuon ni ar brosiect reit
fawr – sef dymchwel yr hen fecws bach a dechrau ar y becws
newydd to gwellt. Teimlad digon od oedd tynnu'r hen fecws
i lawr gan fod y ddau ohonom yn ei gofio yno erioed, ond
roedd ei gyflwr yn sâl iawn ac roedd llawer iawn o waith
gwario arno. Ar y llaw arall, roedden ni'n teimlo bod cyfnod
cyffrous iawn o'n blaenau efo'r becws newydd. Cafodd y
gwaith adeiladu, o ddiwedd Chwefror hyd at ddiwrnod agor

ein becws newydd ar 19.7.2014, ei recordio mewn cyfnodau gan gwmni teledu Cwmni Da o Gaernarfon ar gyfer y rhaglen Heartland a fydd yn cael ei darlledu'n fuan ar BBC Wales.

Bu'r cyfnod yma yn gyfnod prysur ac anodd iawn. Roedd yn rhaid dal i grasu bara a chacennau i gadw'n cwsmeriaid ffyddlon yn hapus, ond roedd angen cyflenwad cryfach o drydan – a diolch i Huw ac Yvonne am ddod i'r adwy: mae ein dyled yn fawr iddynt. Felly bu'n rhaid symud yr hen bopty a'r cymysgwr bara i gynhwyswr ym Modrydd ac yna cario'r cynnyrch i gyd i'r pod bach pren wrth y felin i'w gwerthu! Gweithiodd hyn yn iawn nes i'r ymwelwyr ddechrau cyrraedd!

"Ti'n cofio'r bora Sadwrn 'na Shân, pan oeddach chdi wedi cael dy foddi mewn bara a chêcs yn y pod bach ac yn teimlo dy fod mewn llanast llwyr fel 'diwrnod ar ôl rhyfal' medda chdi ynte!"

Mae'n rhaid bod pawb a oedd yn ymwneud â'r becws yn teimlo bechod drostan ni yn y pod bach neu rywbeth achos mi gafodd yr hen fecws ei ddymchwel a'r un newydd ei godi mewn amser anhygoel! Rhaid canmol pawb oedd yn gyfrifol a chymeraf y cyfle yma i ddiolch o galon i BAWB a fu efo ni, beth bynnag fo'u swydd. Wna' i ddim dechrau enwi achos byddaf yn siŵr o anghofio rhywun, ond dach chi'n gwybod pwy oeddach chi, felly diolch yn fawr iawn.

Dyma agor drws ein becws newydd to gwellt ar ddiwrnod cyntaf gwyliau ysgol yr haf llynedd – ac mi hwylusodd pethau ar unwaith. Gallwn ddweud rywsut mai becws teuluol sydd gennym. Gwion, y mab - wel, ar y funud dod yno i lenwi ei focs bwyd a mynd â thorth fawr frown i Bodwrdda mae o, ond pwy a ŵyr yn y dyfodol! Fflur, y ferch – gweithio yn y siop ac yn weithgar iawn hefyd, chwarae teg iddi; Ceinwen, fy chwaer – yn y siop bob dydd Mawrth er mwyn i mi gael trio cael trefn ar y gwaith tŷ adra; y ddau daid – danfon bara yma ac acw; Nain Bay View – iro'r tuniau bara, ac mae Nain Maen Hir wedi cael SOS cyn heddiw hefyd i ddod i olchi'r llestri!!! Rydym hefyd yn ffodus iawn o gael staff tymhorol da ofnadwy; dim byd yn ormod ganddynt. Cydnabod cwsmer yn syth, gwên ar yr wyneb a sgwrs fach: tri pheth pwysig iawn i fusnes dw i'n meddwl. Os ydych chi'n teimlo fel bod yn rhan o'n menter gyffrous, rydym yn chwilio am bobydd llawn amser i ymuno â ni. Profiad ddim yn angenrheidiol. Codwch y ffôn i gael rhagor o fanylion (01758 760 370).

Roedd llawer o'r ymwelwyr wedi rhyfeddu at yr adeilad newydd, yn enwedig gan fod ganddo do gwellt. Daeth tipyn ohonynt i mewn gan ddweud nad oedden nhw'n sylweddoli bod becws a siop wedi bod yno o'r blaen. Gwnaeth y siâp, y to gwellt ac ella'r lliw y tric felly i ddenu pobl yn do! Bu i lawer ohonynt ofyn hefyd am le i eistedd ar gyfer cael paned a chacen ac felly dyna'r rheswm am y gwario a'r malu rydan ni'n ei wneud ar y funud! Rydym yn newid yr ail lawr o fod yn ystordy i fod yn ystafell de. Roedd Ger a finnau'n sefyll yn yr ystafell ac yn meddwl sut y buasai'n bosib rhoi lluniau ar y wal oherwydd siâp y to - a dyma benderfynu y buasai llun o Dic Aberdaron a'i gath wedi ei beintio ar y wal yn neis. Daeth yr arlunwyr, Darren a Gary, i'r adwy trwy wneud murlun o amgylch yr ystafell i gyd sy'n adrodd tipyn o hanes Aberdaron ac mae o'n werth ei weld.

Ond peidiwch â chymryd fy ngair i am hyn. Dowch draw am baned a chacen neu de prynhawn arbennig ar Sul y Mamau eleni pan fyddwn yn agor yr ystafell de am y tro cyntaf. Bydd ticed raffl i bob mam a fydd yn dod yno, iddi gael y cyfle i ennill hamper o'n cynnyrch ni gwerth £15. Am bob ticed raffl, byddwn ni'n cyfrannu £1 a bydd yr arian yma wedyn yn mynd tuag at brynu peiriant calon i'r pentref. Byddwn yn agored brynhawn Sul, Mawrth 15 o 12 tan 5 o'r gloch. Edrychwn ymlaen at eich gweld. Diolch i bawb am bob cefnogaeth.

Y pryfociwr

Dydw i erioed wedi bod yn rhyw greadur wyneb hir a diflas ac mae'n rhaid i mi gyfaddef 'mod i'n hoff o dynnu coes a phryfocio. Dw i'n cofio mynd un tro hefo cydweithwyr o Eifionydd i ryw gynhadledd yn y Drenewydd. Meurig Hughes, Mynachdy Bach, Llangybi gynt oedd yn dreifio a finnau yn y cefn. Dyma ni'n cyrraedd goleuadau traffig ac fel roedd Meurig yn arafu a dod i aros, dyma fi'n cythru am y brêc llaw o'r cefn a'i godi fyny. Wel, fel newidiodd y golau i goch dyma Meurig yn trio gollwng y brêc ond wnâi o ddim symud achos roeddwn wedi ei godi'n rhy uchel fel nad oedd bosib ei ollwng! Roedd Meurig yn gandryll a'r rhesiad ceir y tu cefn i ni yn canu cyrn dros bob man. Chwerthin wnes i ac ar ôl gadael i Meurig fytheirio ychydig mwy, dyma fi'n ail afael yn y brêc llaw a wir fe ges i o i lawr ond hefo tipyn o strach mae'n rhaid i mi fy hun gyfaddef hyd yn oed!

Ond mae pobl yn talu'n ôl i mi weithiau ac fe gefais dipyn o fraw a theimlo peth cywilydd pan ymddangosodd y penillion yma amdanaf ym mhapur bro *Llanw Llŷn* ym mis Medi 2016!

Burum yn y Becws

Fel dyn am fis fu'n plannu tatws
Y cerddodd Ger i mewn i'r becws;
Disg ei gefn a roddodd slip
Nes ei fod fel paper clip.

Cariai lwyth o fara melyn
Er mwyn llenwi silffoedd Islyn
Ond pob cam oedd iddo'n boenus,
Yntau'n gwneud rhyw sŵn dolefus.

Wrth y cownter yr oedd cwsmer
A lled ei chefn fel cae dwy acer;
Ella bod ei thaid yn Maori
A'i nain yn chwarae prop i Fiji.

Holodd hon lle roedd y difrod,
Geraint bron â chrio, bechod,
'Wel,' medd hi, 'dwi'n ostiopàth –
Ddoi di efo fi am fath?'

Canodd cloch, a Gill yn handi
Aeth i fyny'r steps i'r caffi
Ond pan ddaeth hi'n ôl i lawr,
Nid oedd sôn am Ger – na'r fawr.

Clywodd duchan yn y gegin
Ac och'neidio anghyffredin,
Y tuchan dwfn a'r tuchan clir
Sy'n gysylltiedig â Maen Hir.
I mewn aeth Gill, heb draffa'th cnocio,
A rhyfeddodau welodd yno:
Honno yn ei throwsus cwta'n
Eistedd arno ar fwrdd bara.

Rhwng cacenni ŵy a blawd
Roedd hi'n gwyllt dylino'i gnawd;
Plygu'i ben o dan ei goes
A'i waldio'n iawn fel lwmp o does.

Am y burum na'th hi fystyn
Er mwyn codi'r gwayw fymryn
Ond roedd gwayw pobydd Llŷn
Wedi codi ohoni'i hun.

Ar fwrdd y sosej rôls a'r ecyls,
Ni fu rioed 'fath bwmpio mysyls
A Ger, a gran'ri dros ei groen,
Yn gwichian gan bleserus boen.

Ac yntau'n dal mewn poen wrth sefyll
Mae'n ei wa'dd yn ôl i'r gwersyll –
Yr unig beth a gâi'i argymell
Oedd sesiwn iawn ar lawr ei phabell.

Na, nid ydi'r cefn ddim gwell,
Ond mae rhyw oleuni pell
Yn llygaid Geraint pan lefara
Am y driniaeth ar fwrdd bara.

Teulu Plas a Myrddin ap Dafydd

O wel, rhaid cael sbort weithiau, yn bydd!

Cynnig cymorth i eraill

Dim ond diolch o waelod calon fedr Gillian a fi ei wneud i'r
holl bobl sydd wedi ein cynorthwyo ar hyd y blynyddoedd.
Fydden ni ddim wedi llwyddo i wneud yr hyn rydym yn
gallu ei gyflawni onibai amdanynt hwy. Ydan, rydan ni wedi
gorfod mentro, ond mae'n rhaid gwneud os am wireddu
breuddwyd. Ewch amdani ydi'r cyngor gorau fedrwn ni ei
roi i eraill sy'n chwarae â'r syniad o fynd i fyd busnes. Dyna
pam rydw i eisiau helpu eraill i wneud hyn ac i'r perwyl
hwnnw, rydw i wedi ymuno â chriw o ddeg person busnes
arall yma yn Llŷn i helpu ieuenctid rhwng un ar bymtheg a
phump ar hugain oed i sefydlu eu busnesau eu hunain. Mae
grŵp 'Be Nesa' yma i gynnig cyngor ariannol a llafar ym myd

busnes iddynt. Yr ifanc ydi dyfodol ein cymunedau ynde ac os nad oes gwaith iddynt yma, byddant yn troi cefn ar Lŷn ac yn mynd am borfeydd brasach. Ond os cânt y gefnogaeth a'r cyngor i fentro ym myd busnes ar eu liwt eu hunain, mae gobaith!

Does dim dwywaith nad ydi Gill a fi wedi gorfod gweithio'n galed i gyrraedd lle'r ydan ni heddiw, ond mae wedi bod yn werth yr holl chwys a llafur a nosweithiau di-gwsg. Gobeithiwn y bydd Becws Islyn yn parhau i ffynnu a chofiwch alw i mewn pan ddowch i Aberdaron am sgwrs a phaned!

Syniad Da
Y bobl, y busnes – a byw breuddwyd

Glywsoch chi'r chwedl honno nad yw Cymry
Cymraeg yn bobl busnes?
Dyma gyfres sy'n rhoi ochr arall y geiniog.

**Straeon ein pobl fusnes:
yr ofnau a'r problemau wrth fentro;
hanes y twf a gwersi ysgol brofiad.**

Llaeth y Llan:
sefydlu busnes cynhyrchu
iogwrt ar fuarth fferm
uwch Dyffryn Clwyd yn
ystod dirwasgiad yr 1980au

Gwasg Carreg Gwalch:
gadael coleg a sefydlu
gwasg gyda
chefnogaeth ardalwyr
Dyffryn Conwy

*HANFODOL I BOBL IFANC AR GYRSIAU BUSNES
A BAGLORIAETH GYMREIGI
£5 yr un; www.carreg-gwalch.com*

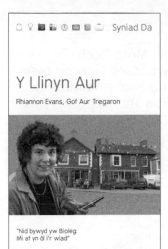

Y Llinyn Aur

Rhiannon Evans, Gof Aur Tregaron

"Nid bywyd yw Bioleg:
Mi af yn ôl i'r wlad"

Rhiannon:
troi crefft yn fusnes yng nghefn gwlad Ceredigion

Canfas,
Cof a Drws Coch

ANTHONY EVANS
Arlunydd

"Mae arlunwyr yn gweithio
o'r tywyllwch i'r goleuni ..."

Artist Annibynnol:
Anthony Evans yn adrodd hanes ei yrfa fel arlunydd, yn cynnwys sefydlu oriel a stiwdio gydweithredol

Perffaith
Chwarae Teg

Cefin a Rhian Roberts
Ysgol Glanaethwy 1990–2011

"Ti 'di dechra rwbath rŵan, yn do?
Fedri di'm 'i gadael hi'n fan'na, wyddost ti ..."

Ysgol Glanaethwy:
datblygu dawn yn broffesiynol a llwyddo ar lwyfan byd

Cadw'r Byd
i Droi

CLEDWYN EVANS
Teiers Cambrian 1971–2011

"Os nad yw'r teier o'ch dewis gyda ni,
yna nid yw'n bodoli ..."

Teiers Cambrian:
cwmni o Aberystwyth sydd wedi tyfu i fod yn asiantaeth deiers mwyaf gwledydd Prydain

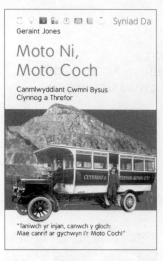

Geraint Jones · Syniad Da

Moto Ni, Moto Coch

Canmlwyddiant Cwmni Bysus
Clynnog a Threfor

"Taniwch yr injan, canwch y gloch:
Mae canrif ar gychwyn i'r Moto Coch!"

Moto Ni, Moto Coch
Canmlwyddiant y cwmni bysus
cydweithredol ym mhentrefi
Clynnog a Threfor

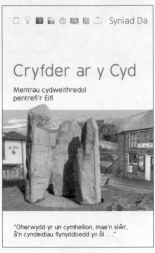

· Syniad Da

Cryfder ar y Cyd

Mentrau cydweithredol
pentrefi'r Eifl

"Oherwydd yr un cymhellion, mae'n siŵr,
â'n cyndeidiau flynyddoedd yn ôl . . ."

**Mentrau Cydweithredol
Pentrefi'r Eifl:**
Nant Gwrtheyrn; Tafarn y Fic;
Siop Llithfaen, Garej Clynnog,
Antur Aelhaearn

· Syniad Da

Torri Gwallt yn Igam Ogam

Gol. Rhian Jones

'Rydym ill dwy'n mwynhau yr hyn
a wnawn o ddydd i ddydd ...'

Trin Gwalltiau yng Nghricieth
Menter Jano ac Anwen yn
sefydlu siop ddifyr a bywiog ar
ôl dysgu eu crefft

· Syniad Da

Llongau Tir Sych

Thomas Herbert Jones
Caelloi Cymru 1851-2011

"Un o'r pethau gwaethaf wnaiff
rhywun ydi ymddeol..."

Caelloi Cymru:
cwmni bysys moethus o Lŷn
sy'n ddolen rhwng Cymru ac
Ewrop

Petrol, Pyst a Peints

Busnesau Cefen Gwlad
Brian Llewelyn

'Pan fydd eich busnes yn fychan, rhaid ichi ymddangos yn fawr; pan fyddwch chi'n fawr – dyna pryd y mae dangos eich bod yn fach.'

Tafarn Sinc
Stori busnes nwyddau amaethyddol, garej a thafarn wrth droed y Preseli

Bwydo'r Bobol

STUART LLOYD
Siop Chips Lloyd o Lanbed

"A phawb eisiau ffish a tships cyn mynd adre . . ."

Siop Chips
Hanes y diwydiant poblogaidd hwn drwy ffenest siop chips boblogaidd yn Llanbed

Cap Gwlân a'r Oriau Mân

Ifan Garej Ceiri a'i Fusnes Cymunedol
Gol: Rhian Jones

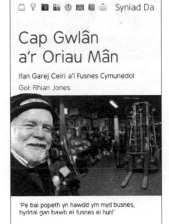

'Pe bai popeth yn hawdd ym myd busnes, byddai gan bawb ei fusnes ei hun!'

Y Dyn Cynnar:
Amrywiaeth o fusnesau yn cadw Ifan Loj Llanaelhaearn yn brysur

Tyddyn Sachau – tyddyn y blodau

Gol: Rhian Jones

'Plannu gardd yw plannu hapusrwydd . . .'

Canolfan Arddio
Stori teulu yn dechrau tyfu tomatos gan dyfu i fod yn ganolfan arddio o'r radd flaenaf ger Pwllheli

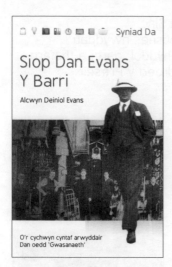

Un o Siopau Mawr y Barri
Stori sefydlu, twf a
diweddglo'r siop Gymreig hon

Sylwadau ar fusnes a bywyd,
gyrfa a gwaith gan **Gari Wyn**
y gwerthwr ceir llwyddiannus
a sefydlodd Ceir Cymru
Dadansoddi treiddgar; 200
tudalen; £7.50